C. A. PRESS

TU NEGOCIO ONLINE
de la serie
¡HECHO FÁCIL!

Fabiola Diamond es empresaria, autora y consultora con más de diez años de experiencia en el mercadeo de productos online. Es la presidenta y fundadora de Fabnecessities LLC, compañía que se dedica a la comercialización y promoción de productos por Internet como Nosesecret.com con portales en inglés, español e italiano.

Fabiola nació en Colombia y ha vivido en los Estado Unidos por más de quince años, donde asistió a la Universidad de Nueva York y obtuvo su maestría en Marketing Directo e Interactivo. Luego de convertirse en madre en 2006, creó su propia idea de negocio que ha llegado a facturar miles de dólares con la creación de su negocio online nosesecret. com. A través de su página web, www.fabioladiamond.com, y de su blog, www.solowebmarketing.com, se mantiene conectada con todos aquellos emprendedores que desean recibir una guía acerca de cómo crear y manejar exitosamente sus propios negocios online.

Fabiola vive en el área metropolitana de Nueva York con su esposo y sus dos hijos. Su negocio online ha sido destacado en diferentes portales informativos online, programas de radio y en el programa de televisión *The Today Show* en la cadena NBC.

T0176348

TU NEGOCIO ONLINE

de la serie ¡HECHO FÁCIL!

La guía paso a paso para lograr ¡el sueño del negocio propio!

FABIOLA DIAMOND

PRESS

C. A. PRESS

PENGUIN GROUP (USA)

C. A. PRESS
Published by the Penguin Group
Penguin Group (USA) Inc., 375 Hudson Street,
New York, New York 10014, USA

USA | Canada | UK | Ireland | Australia | New Zealand | India | South Africa | China
Penguin Books Ltd, Registered Offices: 80 Strand, London WC2R 0RL, England
For more information about the Penguin Group visit penguin.com

First published by C. A. Press, a member of Penguin Group (USA) Inc., 2013

Illustrations by Santiago Cornejo, Enroc Illustration.

ISBN 978-0-14-242565-7

Printed in the United States of America

1 3 5 7 9 10 8 6 4 2

ALWAYS LEARNING   PEARSON

Contenido

Agradecimientos

Mi más profundo agradecimiento a quienes hicieron posible este libro. A mi madre Yolanda Vásquez, por contagiarme su espíritu emprendedor; a mi esposo Paul, por su incondicional apoyo en cada uno de mis proyectos; a mis hijos Joanne y Michael, por su infinita ternura y paciencia; a mi publicista, agente literaria y amiga, Aleyso Bridger, por creer que mi historia podría inspirar a otros; a Ginna Muñoz, por ayudarme con tanta dedicación a darle sentido a muchos párrafos y por conducir las investigaciones; y a todos aquellos quienes compartieron conmigo sus experiencias para enriquecer este libro.

Introducción

"Nunca serás demasiado joven, demasiado viejo, demasiado ocupado o demasiado pobre como para empezar tu propio negocio".

—**DE** *Start Your Own Gift Basket Business*

CÓMO NACIÓ LA IDEA DE ESTE LIBRO

Muchos me preguntan a menudo: "¿Y cómo hiciste para montar tu propio negocio?"; o me dicen, "Cómo me gustaría tener mi propio negocio, pero no sé nada de *marketing*"; o "Me gusta mi trabajo pero necesito ganar más dinero". Estos son algunos de los comentarios que me hacen padres de familia, amigos y colegas que están cansados con sus largas horas de trabajo y tienen el deseo de cambiar su estilo de vida, pero que no saben por dónde empezar ni cómo hacerlo.

A menudo me veo envuelta en toda una cátedra motivacional tratando de darles consejos a quienes los piden con la ilusión de que ellos también tengan la oportunidad que yo he tenido. No se necesita ser un *nerd* de las computadoras ni un experto en *marketing* para alcanzar el éxito con tu negocio online. Simplemente necesitas un deseo tan grande como tu necesidad de cambio para descubrir y aprender a usar las herramientas que te pondrán en el punto de partida.

Es por eso que se volvió inevitable para mí la idea de escribir un libro con un lenguaje sencillo que te ayude paso a paso a crear tu negocio online de manera fácil y rápida, y que te permita ganar miles de dólares con la flexibilidad de horarios que siempre has deseado.

PARA LOS QUE QUIEREN DAR EL GRAN SALTO

Soy una mamá y es desde esta perspectiva que he tenido la oportunidad de disfrutar de los beneficios de ganar cientos de miles de dólares poniendo a mi familia primero. Sin embargo, este libro no es solo para las mamás que quieren ganar miles de dólares mientras cuidan de sus hijos. Este libro es para todos aquellos quienes tienen la determinación de cambiar sus vidas sin más pretextos. Este libro es para ti si...

1. Quieres aprender a montar un negocio online y ganar miles de dólares con tu idea o invento.

2. Tienes tu pequeño negocio y quieres atraer más clientes a través de la web.

3. Has perdido tu trabajo y la web es una buena oportunidad para capitalizar tu experiencia.

4. Estás cansado de viajar y trabajar largas horas y quieres pasar más tiempo con tu familia.

5. Eres hispano y, como yo, te encuentras viviendo en los Estados Unidos o un país de lengua extranjera y sientes que el idioma es una barrera para montar un negocio online.

6. Eres hispano y vives en tu país natal, pero piensas que la industria de los negocios online le pertenece solo a las grandes potencias y países desarrollados.

7. Por último, es para todos aquellos que tienen la visión y el deseo de alcanzar su independencia económica.

Estamos en la era de la tecnología. La tecnología nos brinda la oportunidad de liberarnos de muchas maneras. Nunca antes había sido tan claro empezar un negocio con una computadora, una conexión de internet y un teléfono desde el comedor de tu casa.

QUÉ SIGNIFICA SER DUEÑO DE TU PROPIO NEGOCIO ONLINE

Si bien muchos creemos que no nacimos para ser empresarios y que un trabajo "estable" es más importante en esta economía, la realidad es que en la actualidad más y más personas viven con la constante angustia de que caerán en la siguiente ronda de corte de personal.

Tú nunca serás demasiado joven o demasiado viejo, muy pobre o muy rico como para crear tu propio negocio. Ser dueño de tu negocio online significa tomar ventaja de los recursos que ya están ahí esperando por ti para explotarlos. Hacer lo que te gusta teniendo independencia económica y flexibilidad de horarios es el beneficio de ser dueño de tu propio negocio online.

No importa si tu meta es crear una fuente extra de ingreso, ampliar el negocio que tienes actualmente o hacer de tu negocio online tu trabajo de tiempo completo, este libro es para ti. No es un libro de consejos, es un libro de vivencias.

APROVECHA LA REVOLUCIÓN DE LA TECNOLOGÍA

Nuevas tendencias de los hispanos en la tecnología de internet

Si tú eres una de esas personas que ha desistido de crear su propio negocio online porque ve al idioma como una barrera para promocionar y vender su producto, este libro te mostrará que el idioma no es para nada un problema. A lo largo del libro encontrarás cifras absolutamente extraordinarias acerca de cómo la población de habla hispana es un mercado exquisito para promocionar y vender productos y servicios a través de la web. Como ejemplo, vale la pena mencionar que el censo de 2010 de los Estados Unidos revela cifras asombrosas de cómo la tecnología está abriendo puertas a la comunidad hispana en este país. Veamos:

➤ El crecimiento de la población hispana en los Estados Unidos ha contribuido tremendamente al crecimiento de los negocios hispanos en todo el país. De acuerdo a lo estimado por el Censo de los Estados Unidos de 2010, la población hispana en este país será de aproximadamente 50 millones de personas y los negocios hispanos serán alrededor de 2,8 millones para el cierre de 2012.

➤ El poder de compra de los hispanos está en los trillones de dólares e internet es el medio más utilizado para compras y entretenimiento.

➤ Por último, los hispanos cuya lengua nativa es el español prefieren hablar en español al momento de comprar un producto o servicio.

Por otro lado, las ventas a través de internet en América Latina están creciendo a una velocidad sorprendente. Investigaciones estiman que las ventas por internet en esa región ascienden a los 30 mil millones de dólares y podría crecer un 50% en los próximos tres años.

Como puedes ver, ya sea en tu país natal, en los Estados Unidos o en cualquier otro país de habla hispana, tu negocio online tiene un mercado potencial entre la población que habla tu mismo idioma. Por lo tanto, el idioma no es una barrera.

CÓMO NACIÓ LA IDEA DE MI NEGOCIO

La necesidad es la mejor amiga de la determinación

Mi historia como empresaria nació hace unos cinco años cuando nació mi primer hijo y decidí quedarme en casa para cuidarlo. Un par de malas decisiones dieron un golpe bajo a las finanzas de mi hogar y las cosas se tornaron un poco agrias a pesar de que tanto mi esposo como yo éramos profesionales.

Siempre he pensado que la necesidad es el pilar de muchos cambios y para mí no fue diferente. Con un solo ingreso y con muchas responsabilidades, un recién nacido, una nueva casa, un nuevo auto y gastos de seguro médico, me di cuenta de que sería mucho más fácil si conseguía un trabajo que aportara un segundo ingreso a casa.

Pero, ¿cómo podría dejar a mi bebe de solo cinco meses en una guardería? La idea me aterraba y aunque muchos se ven forzados a tomar esa decisión, me dije a mí misma que tenía que haber otra solución. Siempre pensé que cuando me casara y tuviera hijos no trabajaría para nadie y tendría mi propio negocio online. Después de todo, había trabajado en la industria del *marketing* online por algo más de seis años.

Lo comenté con mi esposo, pero como profesional independiente la idea le sonó poco atractiva. Un nuevo negocio requiere de una inversión de dinero y tiempo. ¿Tiempo? Si había algo que me faltaba era tiempo con un bebe que sufría de cólicos y me desvelaba todas las noches. Mis opciones eran pocas y un buen día dije: "Si saco más excusas nunca lo voy a hacer; sé que lo puedo hacer y lo voy a hacer bien".

La búsqueda del producto perfecto

Entre siesta y siesta de mi bebe, empecé la travesía de la búsqueda del producto perfecto. Nada parecía ajustarse a mis especificaciones: debía ser lo suficientemente pequeño para almacenar en mi casa, debía llegar a las masas, debía solucionar un problema. En fin, parecía que ya todos los productos estaban en el mercado y no había chance para mí.

Un buen día, maquillándome para una reunión de familia, descubrí en mi vieja bolsa de cosméticos un producto que había usado por mucho tiempo. ¡Gol! Así fue que me puse a pensar en las diferentes maneras en que lo podía mejorar y hacerlo justo como yo quería.

Mil y un obstáculos empezaron a cruzarse en mi camino: buscar al fabricante, almacenar el producto, hacer publicidad, conseguir los clientes, etc. Necesitaba toda una comunidad para hacer todo esto. Sin embargo, me armé de paciencia y determinación, y poco a poco empecé a armar mi negocio. Tomó casi un año planearlo y ejecutarlo, pero para cuando nació mi segundo bebe, un año y medio más tarde, mi negocio online ya era un hecho.

El fruto de mis desvelos

Recuerdo que recibí la primera llamada de un cliente para comprar el producto cuando mi página web todavía estaba en período de prueba y estaba tan incrédula que pensé que alguien me estaba tomando el pelo. Cuatro años más tarde lo que empezó en el comedor de mi casa como un experimento hoy me ha dado la satisfacción profesional, la independencia económica y la flexibilidad de compartir con mis hijos cada momento de sus vidas.

Para muchos que me ven con mis hijos, piensan que soy solo una ama de casa; llevo y recojo a mis hijos del colegio todos los días, participo de todas las actividades del colegio, soy voluntaria del colegio de mi hija y le llevo el almuerzo a mi hijo a su escuela que queda al frente de mi oficina. Me da mucha felicidad poder ver la sonrisa de mi hijo cuando en el recreo puede verme desde el patio de su colegio. Disfruto lo mejor de los dos mundos, mi negocio y mi familia, y no puedo imaginar mi vida de otra manera.

La nobleza del hombre no está en recibir sino en dar, y de nada me serviría amasar mis conocimientos si no puedo servir de vehículo para cambiar la vida de muchas familias que hoy viven lo que yo viví hace cinco años.

POR QUÉ ESTE LIBRO ES DIFERENTE

No importa si eres un principiante o si ya tienes tu propio negocio, en este libro descubrirás cómo llevé mi producto desde mi bolsa de cosméticos a ganar cientos de miles de dólares en ventas online, incluyendo mis técnicas de *marketing* para atraer cientos de miles de visitantes a mi página web. También aprenderás:

➤ Cómo crear tu propia marca.

➤ Cómo planear y diseñar tu pagina web.

➤ Cómo adquirir y mantener clientes.

➤ Cómo usar las redes sociales para promover tu producto o servicio.

➤ Cómo medir tus resultados y hacer crecer tu negocio.

➤ Cómo manejar tu negocio en piloto automático y ganar dinero hasta durante tus vacaciones.

Tú necesitas leer este libro

Los capítulos que siguen detallan paso a paso el proceso para escoger un modelo de negocio, planearlo y darle vida, explicado no por un consultor sino por alguien que creó su propio negocio online y que lo convirtió no solo en un negocio sumamente redituable sino también en el mejor estilo de vida.

A través de mi experiencia me he dado cuenta de que la mejor manera de materializar tus metas es reducirlas a pequeños pasos en los que puedes trabajar cada día. Esta es una buena estrategia considerando que tu vida no siempre puede resultar como la has planeado.

Si tienes este libro en tus manos, entonces ya has dado el primer paso de tu viaje a tu independencia económica a través de la creación de tu propio negocio online. ¡Felicitaciones! Léelo y mentalízate a creer que lo puedes lograr y verás que muy pronto estarás haciendo dinero con solo hacer "clic".

TU NEGOCIO ONLINE

de la serie

¡HECHO FÁCIL!

PRIMERA PARTE

Crea tu negocio online y construye el sitio web

Descubre las ventajas y los desafíos del mundo de los negocios online

*"El futuro tiene muchos nombres: para el débil
es lo inalcanzable. Para el miedoso, lo desconocido.
Para el valiente, la oportunidad".*

—VÍCTOR HUGO

NEGOCIOS ONLINE:
UN MUNDO DE "MILLONARIAS" OPORTUNIDADES

En 1990, cuando llegué a los Estados Unidos, había una enorme expectativa por los cambios que se estaban gestando gracias a la web. Tuve la fortuna de vivir la era de las punto.com muy de cerca ya que en esa época yo dictaba clases de español a ejecutivos en uno de los más grandes portales web de habla hispana.

En ese entonces, me impresionó muchísimo cómo la recesión económica y la revolución de la nueva tecnología motivaron a muchos a empezar sus propios negocios online con el fin de sobrevivir a la crisis. Recuerdo que el surgimiento de los empleos de medio tiempo despertó el espíritu empresario en muchos, optando por dejar sus trabajos de 9 a.m. a 5 p.m. para empezar una punto.com que los volviera millonarios.

¿Cómo ignorar y no dejarse influenciar por todo este *boom* del mundo online que en el peor de los casos estaba al menos dándole a muchos la conveniencia de trabajar desde sus casas, pero en el mejor de los casos (uno de los que más me llamaba la atención a mí) volvía millonarios a muchos otros? Quizás para algunos este era un mundo sólo para programadores, diseñadores gráficos, profesionales de *marketing* y negocios. Para mí, era un estilo de vida con mucha flexibilidad y con amplias posibilidades de hacer dinero.

Como frutos de estos años de gloria, hay una lista impresionante de negocios online que hoy en día siguen siendo exitosos, algunos más conocidos, más grandes y más millonarios que otros, como por ejemplo, eBay y Amazon. Sin embargo, de la misma manera en que surgieron muy buenos negocios, también fracasaron muchos otros, lo que dejó un sabor amargo para quienes, como yo, estaban considerando empezar un negocio online por primera vez. Tengo que decir que no fui la excepción, y aunque deseaba romper la barrera del temor y confiar en que era capaz de hacerlo, mí reacción inicial fue desanimarme.

De alguna manera me sentía intimidada por la tecnología (o al menos esa era mi sensación) y no tenía ánimos para aprender HTML, Java y otras de esas palabras técnicas que usan los *nerds* de la nueva tecnología. Pero sí tenía un gran deseo de lograr mi independencia económica, manejar horarios más flexibles que me permitieran pasar más tiempo con mi familia y no gastar mi tiempo en largas horas de viaje entre mi casa y el trabajo.

Jamás hubiera pensado que catorce años más tarde estaría escribiendo un libro para enseñar cómo crear un negocio online y menos aún que habría creado mi propio negocio haciendo una de las cosas que más me gusta hacer y teniendo la flexibilidad que siempre había deseado.

SUPERA LOS MIEDOS Y ENFRENTA LOS DESAFÍOS

Si estás leyendo este libro es por una de las siguientes razones: ya estás decidido a empezar tu negocio online y quieres aprender cómo hacerlo, o estas apenas explorando esta posibilidad y quieres leer un poco más antes de tomar la decisión final.

Cualquiera sea la razón que te motive, ¡FELICITACIONES! Has llegado al terreno indicado y tienes en tus manos el libro que te ayudará, sin necesidad de ser un gurú de la tecnología (como tampoco lo era yo), a montar tu propio negocio online y a navegar exitosamente en este millonario y excitante mundo.

Antes de entrar de lleno a describir y explicar lo que es un negocio online, voy a detenerme por un momento en un tema que considero importante. Se trata de todas esas sensaciones de temor y desánimo que se cruzan en la mente de una persona que ha sido mordida por el animalito de la independencia económica. Hay cientos de libros que se centran solo en este tema, y ese no es el objetivo de este libro. Sin embargo, antes de montar un negocio online, yo sé debido a mi experiencia, que te vas a enfrentar con algunos obstáculos que podrían hacerte desistir de seguir adelante. Por lo tanto, quiero prevenirte pero también ayudarte a reconocer los obstáculos más comunes que vas a enfrentar como: miedo a lo desconocido, falta de tiempo y preparación, y falta de recursos y dinero.

Convierte los miedos en valiosas oportunidades

Estoy segura de que a menudo piensas o te dicen que *"montar un negocio online es solo para la gente que sabe cómo funciona"*, *"los dueños de negocios nacen, yo no nací para eso"*, *"internet es muy complicado"* o *"no tengo dinero ni tiempo para empezar mi negocio online"*. Pues, la buena noticia que tengo para ti es que montar un negocio online no es tan complicado como parece, no requiere de expertos en tecnología, no tienes que venir de una familia de empresarios ni tampoco requiere de una gran inversión. Lo único que necesitas es adoptar la fórmula que me ayudó a mi en mis inicios: Atrévete, familiarízate, perfecciona y lánzate.

¡Atrévete!: No dejes que la tecnología y la falta de información trunquen tus sueños. El hecho de haber llegado hasta esta página en la lectura de este libro es una muestra de que tu interés y deseo de información te pueden ubicar en el camino correcto.

¡Familiarízate!: Si cuando te hablan de motores de búsqueda, servidores, *meta tags* o páginas web, parece que te estuvieran hablando en una lengua desconocida, no te preocupes, la práctica hace la perfección. Leer *Tu negocio online* es el primer paso para familiarizarte y perfeccionar conceptos que te ayudarán a explorar tus alternativas de negocio online. Cada capítulo te indicará paso a paso cómo armar lo que en este momento puede ser un rompecabezas de mil piezas.

¡Perfecciona!: Tal vez la palabra "perfección" es un poco amplia en un escenario donde la tecnología está cambiando continuamente, pero la perfección a la cual me refiero es el poder manejar tu negocio con los conocimientos básicos que te pondrán en el camino al éxito. No obstante, si después de leer este libro te surgen algunas dudas o quieres explorar más a fondo algunos temas, también podrías registrarte en cursos o programas de entrenamiento a bajo costo que ofrecen algunos institutos y universidades.

¡Lánzate!: Sin importar qué forma tome tu idea de negocio, ya sea vendiendo un producto, ofreciendo un servicio, promocionando productos de otras compañías por comisión o escribiendo sobre los temas que te apasionan, lanzarte en el mundo de los negocios online no solo es una oportunidad que vale la pena explorar sino también una necesidad debido a la situación económica actual. Si no has elegido aún un producto o servicio, no dejes que esto se transforme en una excusa para no materializar tu sueño de tener tu propio negocio online.

Descubre el "desconocido" mundo de los negocios online

A partir de este momento el mundo online ya no continuará siendo para ti un mundo desconocido. Voy a empezar a introducirte en este fascinante mundo y tú mismo te darás cuenta de que eso que parecía tan difícil no lo es tanto.

El término **negocio online** se refiere a la venta de una idea, producto, servicio o información utilizando un sitio web en internet. Como cualquier negocio, los negocios online se basan en un modelo de venta que puede ser directa o indirecta.

CINCO RAZONES PARA EMPEZAR TU NEGOCIO ONLINE, ¡AHORA!

1. Poca o ninguna experiencia

La tecnología ofrece cada día más y más programas fáciles de usar que no requieren de un conocimiento técnico para operarlos. En tan solo un día puedes hacer tú solo una simple página web para promocionar tus servicios.

2. Independencia económica

Las ventas por internet ofrecen infinitas posibilidades de incrementar tus ingresos. Por lo general quienes venden productos por internet reciben ingresos diariamente.

3. Flexibilidad de horarios

Tú estableces las horas de trabajo, cuando quieras y desde donde quieras, inclusive desde tu silla de playa durante tus vacaciones. Cuando empecé mi negocio online mis horarios de trabajo dependían de cuándo dormía mi bebe.

4. Acceso a potenciales clientes las veinticuatro horas del día

La web te permite poner tu negocio online en piloto automático. Sin necesidad de estar físicamente en tu negocio, tus clientes compran cuando tú duermes. Esto es lo que más me gusta de mi negocio, recibir ingresos inclusive cuando duermo o estoy de vacaciones. Mis clientes compran desde cualquier lugar del mundo.

5. Bajos costos operativos

Una computadora, una impresora, una conexión a internet y un teléfono es todo lo que necesitas para comenzar tu negocio online, y muy probablemente ya los tienes en tu casa.

El modelo de venta directa puede ser la venta de productos o servicios usando el comercio electrónico conocido en inglés como *e-commerce*. Ejemplos de la venta de productos son portales como www.amazon.com, y de servicios como los de tu compañía de cable.

La venta indirecta, por su parte, lo que hace es atraer al usuario para que haga clic en nuestra fuente de ingresos (publicidad, anuncios, afiliados). Esta forma de negocio online se aplica en blogs y en portales de información como las revistas virtuales de msn.com o yahoo.com.

Tú puedes decidir cuál será tu modelo de negocio analizando tu estilo de vida, tus preferencias y experiencia.

LAS LLAMATIVAS CIFRAS DEL MUNDO ONLINE

No ha habido mejor momento para empezar tu negocio online que ahora. Con la crisis económica mundial, la alta tasa de desempleo, las dificultades de creación de nuevos empleos y la deuda externa de los Estados Unidos en los billones de dólares, no podemos más que sentirnos desesperanzados acerca de nuestro futuro y el de nuestros hijos.

Siempre he pensado que cada uno crea sus propias oportunidades y marca la diferencia a pesar de las circunstancias. No importa si hablas o no el inglés perfectamente, si deseas vender sólo a la población hispana o no, muchas estadísticas nos dicen a gritos las razones de por qué este es el momento de crear un negocio online.

El crecimiento de los negocios hispanos en los Estados Unidos

➤ El crecimiento de la población hispana ha contribuido tremendamente al crecimiento de los negocios hispanos en todo el país. De acuerdo a lo estimado por el Censo de 2010, la población hispana en los Estados Unidos está conformada por 47,8 millones de personas y se estima que aumentará a 50 millones en 2012 y a 59,7 millones en 2020.

➤ El Centro Selig para el Crecimiento Económico de la Universidad de Georgia ha proyectado que el poder de compra de los hispanos será de 1,2 billones de dólares en 2012 y se proyecta que crecerá a 1,3 trillones de dólares en el año 2014.

➤ Se proyecta que para finales de 2012, habrá aproximadamente 2,8 millones de negocios hispanos.

Los hispanos aman las redes sociales y acceden a internet desde su celular

➤ El 61% de la población hispana en los Estados Unidos participa activamente en internet. Si hablamos de los hispanos cultos la cifra llegaría hasta casi un 80%. Además, el 31% de los hispanos accede a internet a través de su teléfono celular.

➤ Internet es el medio más utilizado para compras y entretenimiento.

➤ Los hispanos son amantes de las redes sociales como Facebook y YouTube.

➤ Por último, los hispanos cuya lengua nativa es el español prefieren hablar en español al momento de comprar un producto o servicio.

Así que si ponías la excusa de que no dominar el inglés te limitaba para iniciar tu negocio online, te tengo buenas noticias: ofrecer productos a los hispanos en los Estados Unidos en su idioma no es solo una buena idea, es una gran ventaja. En realidad muchos hispanos prefieren su lengua al momento de comprar un producto o servicio, y prefieren hablar español antes de tomar la decisión de compra.

PANORAMA EN AMÉRICA LATINA

El panorama de los negocios online en América Latina es un poco diferente al de los Estados Unidos debido a ciertas barreras que enfrenta esta industria en la región latinoamericana. Por ejemplo, algunos problemas se dan con el acceso a internet, el acceso a banda ancha (internet de alta velocidad), el acceso a tarjetas de crédito y la falta de oferta. Sin embargo, veremos cómo los latinoamericanos son también un mercado atractivo para los negocios online:

➤ Se estima que la población en América Latina es de 597,3 millones de personas, de los cuales el 36,2% tiene acceso a internet, lo cual indica un bajo acceso a internet en comparación con América del Norte donde el acceso es del 78.3%. No obstante, se espera que para 2015 el acceso a internet en América Latina crezca al 49%.

➤ Respecto a las conexiones de banda ancha, 7 de cada 100 habitantes tienen internet de alta velocidad. Se espera que para 2014 esta proporción aumente al 71%.

➤ Aunque el acceso a las tarjetas de crédito en América Latina se estima en un 36%, porcentaje sustancialmente más bajo que el de América del Norte, más negocios online en América Latina están ofreciendo otras alternativas de pago como depósitos bancarios, transferencias de fondos y pagos en efectivo.

➤ Hay un déficit de oferta. Es decir, la cantidad de compradores online está creciendo más rápido que la cantidad de negocios que venden a través de internet.

➤ No obstante, a pesar del bajo acceso a internet, a la banda ancha, a las tarjetas de crédito y la falta de oferta, el 59% de los usuarios de internet en América Latina compró productos online en 2011, lo que representa un 21% del total de la población y un total de ventas de más de 30 mil millones de dólares.

➤ Se espera que el número de compradores online crezca anualmente un 20% durante los próximos años y que las ventas aumenten un 50% para 2014.

PARA RECORDAR

No dejes que el miedo te paralice y te robe la ilusión de lograr tus sueños. Tener tu negocio online es la alternativa menos costosa para aumentar tus ingresos y ofrecer una mejor calidad de vida a tu familia. Lee, aprende y pon en práctica los conocimientos que han logrado que muchos consigan el éxito en el mundo de los negocio a través de internet.

Con la población hispana en crecimiento y la participación online de los hispanos alcanzando altos récords, no podría haber mejor momento para lanzar tu negocio.

Por otro lado, con el alcance y el crecimiento de usuarios de internet en América Latina con la suma de nuevos países como Colombia y Panamá a los tratados de libre comercio con los Estados Unidos, automáticamente aumenta el número de potenciales clientes para tus productos y te abre las puertas a nuevos mercados.

Hay muchas más ventajas que desventajas en empezar tu tienda online. Atrévete, familiarízate con los términos del *marketing* online, lánzate a la conquista y planea tu negocio online. ¡Este es el mejor momento!

2

Planea tu negocio online

"Experiencia no es lo que le pasa a una persona, experiencia es lo que una persona hace con las cosas que le pasan".

—DE *Start Your Own Gift Basket Business*

Llevando a mi hijo a clases de música conocí a Lucía, otra mamá con un bebe, administradora de empresas hoteleras de profesión y una mujer con muchos sueños. Su increíble energía, poder de conversación y don de gente llamaron mi atención desde el principio. Lucía, como yo, quería empezar su propio negocio y vaya que tenía muy buenas ideas.

Ella tenía todos los días ocupados con tarde de juegos y muchas otras actividades sociales que la mantenían ocupada. No había duda de que Lucía era muy popular y que si empezaba un negocio, solo con su ejército de amigos tendría una clientela garantizada. Un buen día Lucía me dijo: "¿Sabes?, el negocio de cuidar perros es fabuloso, te puedes hacer hasta veinte mil dólares al mes". Y la historia seguía: "Con solo veinticinco perros al día a veinte dólares por día tendrías doce mil dólares; a eso súmale la venta de accesorios y comida… y al año me puedo hacer doscientos cuarenta mil". Sin duda que el negocio de cuidar perros es muy lucrativo y después de todo a ella le gustaban los animales.

Le tomó unos meses encontrar el sitio adecuado, sacar su licencia de funcionamiento, tomar clases especiales y comprar los seguros requeridos.

Al inicio Lucía tenía que hacer todas las labores del negocio, después de todo ya había invertido mucho dinero en la adecuación del sitio. Empezó con un cliente aquí y allá, pero el primer mes no alcanzó a cubrir los gastos. En el segundo mes le fue un poco mejor pero sin ninguna ganancia. A medida que el tiempo pasaba, Lucía se veía con más horas de trabajo, menos tiempo con su familia y más deudas.

Al cabo de seis meses, terminó cerrando el negocio y endeudada.

¿Que falló en el negocio de Lucía? Primero, pensó que porque le gustaban los animales y porque el negocio de cuidar perros era muy lucrativo, era entonces el negocio adecuado para ella. Entre sus cálculos no estaba que su motivación de hacer dinero no iba de la mano con su estilo de vida. Tampoco tuvo en cuenta que su personalidad no era para estar encerrada en un sitio, que la pasión por los animales no era suficiente para mover el negocio y que sus amigos y potenciales clientes usaban los servicios de la competencia.

La falta de planeación de su negocio contribuyó al fracaso del mismo. Lucía no se dio cuenta de que el negocio de cuidar perros requería de experiencia y de una inversión que le permitiera subsistir por lo menos el primer año.

LA PLANEACIÓN DE TU NEGOCIO ONLINE ES CLAVE

Este capítulo va dirigido a aquellos que aún no han creado su negocio online, tienen un negocio pero sin presencia en internet o quieren reevaluar el actual curso de su página web. Sin importar cuál sea tu caso, en este capítulo encontrarás una guía de los elementos que debes tener en cuenta al empezar tu negocio online, para así prevenir lo que le ocurrió a Lucía.

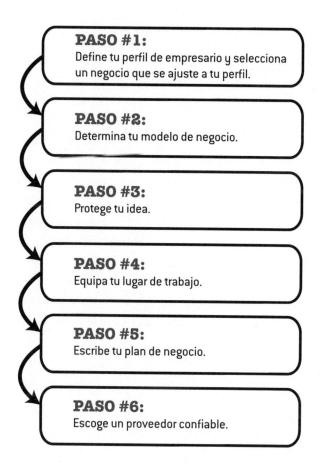

PASO #1:
Define tu perfil de empresario y selecciona un negocio que se ajuste a tu perfil.

PASO #2:
Determina tu modelo de negocio.

PASO #3:
Protege tu idea.

PASO #4:
Equipa tu lugar de trabajo.

PASO #5:
Escribe tu plan de negocio.

PASO #6:
Escoge un proveedor confiable.

PASO #1:
DEFINE TU PERFIL DE EMPRESARIO Y SELECCIONA UN NEGOCIO QUE SE AJUSTE A TU PERFIL

Empezar un negocio es una cosa y lograr que funcione es otra. El éxito, en cualquier negocio, es el resultado de una planeación cuidadosa. Tú, como gestor de tu negocio, eres una pieza fundamental del mismo y por lo tanto es muy importante definir tu perfil de empresario. Esto te ayudará a determinar cuáles son tus fortalezas y debilidades.

Descubre tu perfil de empresario

Para quienes al momento de leer este libro tienen claro el tipo de negocio o producto que quieren comercializar o lo que quieren es empezar a promover los servicios de su actual negocio online, este paso podría ser innecesario. Sin embargo, si aún no has decidido qué tipo de producto o servicio ofrecer, este es un paso que te ayudará a tomar esa decisión.

Hace unos diecisiete años, cuando quería darle un viraje a mi carrera de periodista, asistí a una serie de seminarios que ayudaban en cambios de carrera. Recuerdo que tuve que hacer un ejercicio que parecía un poco tedioso y tonto pero que al final tuvo mucho sentido. Se trataba de una serie de preguntas cuyo objetivo era determinar el perfil profesional o empresarial de la persona. En aquel tiempo me fue de gran ayuda. A medida que iba respondiendo a las preguntas, me iba identificando más y más con cierto tipo de trabajos o negocios relacionados con mi personalidad y habilidad. El siguiente taller te ayudará en esa tarea.

TALLER #1:
TU PERFIL DE EMPRESARIO

Toma papel y lápiz y responde la siguiente serie de preguntas:

➤ **¿Qué educación tienes?**

Incluye tus estudios profesionales, si los tienes, pero además incluye todos los cursos, talleres, seminarios, etc., de los que has participado y que han impactado de alguna manera tu vida o tu experiencia laboral. Identifica cuáles has disfrutado y cuáles no, y también determina cuáles son esas áreas que te apasionan pero que necesitas reforzar.

➤ ¿Qué experiencia tienes?

Haz una lista de los trabajos que has tenido y sus responsabilidades. Señala lo que te ha gustado más de cada trabajo, tus hábitos para trabajar y cualquier aspecto de tus trabajos que consideres importante para resaltar.

➤ ¿Cuál es tu estado de salud?

Describir tu estado de salud es importante ya que si, por ejemplo, tienes alguna incapacidad o problema físico para escribir, podrás determinar que un negocio online que implique escribir textos muy largos no será tu fuerte.

➤ ¿Cuáles son tus pasatiempos?

Haz una lista de los pasatiempos que has tenido en el pasado y que aún disfrutas. Convertir un *hobby* en un negocio es la más popular y exitosa manera de capitalizar tus habilidades.

➤ ¿Cuáles son tus habilidades?

Haz una lista de todas esas habilidades innatas de las cuales has disfrutado desde que naciste o de aquellas que se han desarrollado con el paso de los años. Todos tenemos habilidades, algunos ejemplos incluyen: escribir, cantar, bailar, contar chistes, hablar en público, hacer manualidades, dibujar, etc.

➤ ¿Qué tipo de trabajo o en qué tipo de actividades has participado como voluntario?

Tus obras voluntarias son el lugar donde se encuentra tu verdadera pasión. Haz una lista de las obras voluntarias que has hecho y muy seguramente encontrarás una valiosa fuente de información sobre tus capacidades y pasiones.

➤ Recursos

Haz una lista de los recursos con los que cuentas actualmente y que te podrían ayudar a montar tu propio negocio online. Por ejemplo: una computadora, una impresora, un teléfono, un fax, una conexión a internet, personal para ayudarte (desde tu hijo hasta un asistente, si ya lo tienes), recursos económicos, posibilidades de financiación.

> **¿Cuáles son tus metas personales? ¿Cómo te ves en cinco años?**

Indica tus metas personales. Aquí es muy importante que hagas una lista de las metas que salen de tu corazón, que pienses a dónde realmente quieres llegar y no lo que los demás quieren para ti. Ejemplos de metas personales podrían ser: cambiar mi trabajo, expresar mi creatividad, hacer algo que disfruto, tener más vacaciones, tener una fuente de ingreso o tener una fuente de ingreso extra, independizarme, manejar mi propio tiempo.

> **¿Qué quieres y qué esperas de tu negocio?**

Escribe las metas relacionadas con el negocio que quisieras alcanzar. En la lista de metas personales has establecido qué te gustaría tener. Ahora, especifica las metas de tu negocio como por ejemplo, lograr tu independencia financiera, asegurar tu retiro, ser el líder de la industria, vender tu producto a nivel local, nacional o internacional, ser reconocido como el número uno, entre otros.

Las fortalezas y debilidades escondidas en tus respuestas

Una vez que hayas contestado todas las preguntas, comienza a relacionar y agrupar las respuestas en fortalezas y debilidades de tal manera que tengas una idea más clara acerca del estilo de vida y el tipo de negocio online que quisieras crear, así como el tipo de producto o servicio que podrías ofrecer.

Por ejemplo, en mi rol de mamá con niños pequeños y con mi experiencia en *e-commerce*, mi mejor opción era la venta de un producto. Este producto debía ser pequeño para poder almacenarlo en un área pequeña como un clóset, ser fácil de empacar lo cual haría más fácil y rápida la labor de envío, preferiblemente en una industria que me gustara y en la cual tuviera experiencia como la de los cosméticos. En fin, estos fueron algunos de los factores que apuntaron a mi producto actual, Nosesecret.

Sin embargo, para alguien cuya pasión es escribir, a lo mejor un blog acerca de un tema de interés es su mejor opción de negocio; para alguien cuya pasión es la venta de antigüedades, la venta de productos en Amazon o eBay tendría más sentido; y así sucesivamente.

Explora tus posibilidades

Habiendo identificado tu perfil, haz una lista de negocios que mejor se le ajusten. Trata de tener en cuenta también el tiempo que le vas a dedicar a tu negocio, tus hábitos de trabajo y tus expectativas. Esto se trata de una lluvia de ideas y no puedes omitir nada que se te venga a la mente por muy tonto que parezca. Si Lucía, por ejemplo, hubiera hecho su perfil de empresaria antes de haber comenzado su negocio, se hubiera dado cuenta de que el negocio de cuidar perros no le iba a permitir pasar mucho tiempo con sus hijos. A lo mejor por su personalidad creativa, extrovertida y por su pasión por los animales, su perfil la hubiera dirigido hacia otro modelo de negocio, como por ejemplo la venta online de productos para mascotas.

Es posible que como resultado del ejercicio se abra más de una opción de negocio para ti.

PASO #2:
DETERMINA TU MODELO DE NEGOCIO

Podría dedicar todo un libro a describir los modelos de negocios existentes, pero en este capítulo me limitaré a contarles sobre los más populares:

Los modelos de negocios online

A continuación encontrarás una breve descripción de los modelos de negocios online. Una vez que los conozcas y explores sus ventajas y desventajas, podrás proceder a seleccionar aquel que se ajuste más a la idea de negocio que quieres desarrollar, a tu perfil de empresario y a tu estilo de vida.

MODELOS DE NEGOCIOS ONLINE

1. Bróker o intermediario

Es el modelo de negocio que une a vendedores y compradores para facilitar sus transacciones. Este modelo funciona para quienes quieren tomar ventaja del tráfico de visitas que ofrecen los grandes portales y de esa manera llegar a sus clientes sin necesidad de crear una página web.

Por ejemplo, si quisieras vender uno o más productos puedes solicitar abrir una cuenta con estos portales y vender los productos a través de ellos. Es un medio utilizado incluso por negocios ya reconocidos que cuentan con sus propios sitios web, pero que usan estos portales para aumentar su visibilidad y vender sus productos.

Ejemplos: www.Amazon.com, www.eBay.com, www.Elance .com.

Posible negocio online: Vender un producto en portales de alto tráfico.

2. Publicidad

Es el modelo de negocio online que opera cuando el usuario que visita tu sitio hace clic en un anuncio publicitario de tu página. La base de este modelo de negocio es contenido gratis para el usuario que se encuentra mezclado con mensajes de publicidad como anuncios o enlaces publicitarios.

Ejemplos: Blogs y sitios web de noticias, entre otros.

Posible negocio online: Promover un servicio.

3. Intermediarios de información

Son modelos de negocios cuyos sitios web reúnen información acerca de un producto o servicio y que lo ofrecen al usuario en forma de tablas comparativas para tomar decisiones más sabias. Comparan productos entre sí basados en precios, características, servicios, etc.

Aunque este modelo de negocio podría no ser utilizado por nuestros lectores por su complejidad, es importante mencionarlo en caso de que quieras promover un producto o servicio.

Ejemplos: www.shop.com, www.buscape.com.

Posible negocio online: Vender los productos de tu tienda física a través de sitios de comparación de productos.

4. *E-commerce*

E-commerce es uno de los modelos de negocios más usados. Consiste en la venta de productos y servicios a través de internet. Considerando que *e-commerce* es mi área de experiencia hablaremos extensamente acerca de este modelo desde la producción de la página web hasta su comercialización más adelante.

Ejemplos: www.gap.com, www.NoseSecret.com.

Posible negocio online: Vender un producto.

5. *Drop shipping*

Es un modelo de negocio que consiste en un método de venta de productos en el que el vendedor (minorista) acepta el pago de un pedido, pero el cliente recibe el producto(s) directamente desde el fabricante. Aunque el margen de ganancia es menor que si vendieras tu propio producto, es el modelo que te permite vender productos evitando la complicación de manejar un inventario, almacenar y enviar el producto.

Ejemplo: www.bizkanal.net.

Posible negocio online: Vender a través del sistema *drop shipping*.

6. Programa de afiliados

El programa de afiliados consiste en la promoción de productos de terceros que generan una comisión por acción o venta. El dueño de un sitio web, al que llamaremos agente publicitario, recibe una comisión cuando la visita a su página hace clic en los enlaces en forma de cupón o anuncio publicitario de su página y es dirigido al sitio web que vende el producto. Cualquier compra que se genere desde ese clic recibirá una comisión por venta.

Aunque este modelo de negocio es ampliamente usado en sitios web que despliegan cupones y ofertas, puede ser usado también efectivamente si el contenido del sitio web ofrece información de interés mezclada con los enlaces publicitarios como parte del contenido de la página.

Ejemplos: www.nosecosmetic.com, www.Savings.com.

Posible negocio online: Ganar comisión por venta con programa de afiliados.

7. Comunidad

El modelo de comunidad está basado en la lealtad de sus usuarios. La fuente de ingreso está ligada a la publicidad. Aunque, para comenzar, este no sea tu modelo de negocio, vale la pena destacarlo.

Ejemplo: www.facebook.com.

Posible negocio online: Promover tus conocimientos en tu área de experiencia.

8. Suscripción

Es el modelo de negocio online que cobra un pago mensual o anual por un servicio.

Ejemplo: www.hootsuite.com.

Posible negocio online: Vender a través del sistema *drop shipping.*

Ahora que ya conoces los modelos de negocios, veamos cómo escoger el producto que vas a vender.

Cómo escoger el producto

Al momento de escoger el producto, ten en cuenta lo siguiente.

Experiencia

Tu mejor herramienta es tu experiencia y el conocimiento. Habrás leído o escuchado que ciertos productos de belleza están basados en la receta de la abuela, que la tienda de abarrotes se convirtió en un gran supermercado o que el salón de belleza que empezó con su propietaria, hoy emplea a más de treinta estilistas. Creer y tener pasión por tu producto es un elemento clave, pero aun más importante es entender la industria de tu producto.

Demanda

El producto ideal es aquel que la gente quiere o necesita comprar al precio que puede pagar. Si crees que tu idea de producto es maravillosa pero no le soluciona un problema a un gran número de la población, vas a tener desafíos difíciles más adelante.

Producto nicho

Un producto nicho es un producto hecho y promocionado para un grupo específico o especializado. En vez de lanzarte a vender productos con mucha competencia, escoge uno no muy competido y en el que puedas sobresalir. Por ejemplo, el maquillaje Aurora que sólo vende productos cosméticos para las mujeres de color o los que venden tarjetas de llamadas internacionales.

Envío fácil

Con el fin de abaratar los costos de envío y evitar los riesgos de devoluciones por daño de mercancía al momento de la entrega es mejor escoger un producto que sea:

➤ *Liviano:* para que los gastos de envío no encarezcan el producto y dé margen para ofrecer envío gratis si ese fuera el caso.

➤ *No perecedero:* los productos que requieren de un empaque y transporte especial como frutas, verduras y productos refrigerados, entre otros, no son ideales.

➤ *Fuerte:* los productos frágiles, que se pueden quebrar o que pueden perder su forma original durante el transporte, exponen tu negocios a un alto número de devoluciones comprometiendo la calidad del producto y servicio.

➤ *Fácil de almacenar*: si no tienes espacio para almacenar el producto, escoge productos pequeños que te permitan guardarlos inclusive en un clóset de tu casa.

Lugares donde puedes conseguir productos

Una vez que tienes una idea de cuáles productos son más apropiados para vender online, es el momento de empezar a buscar esos productos, ya sea online u offline.

Online

Con la ayuda de los motores de búsqueda como Google, Yahoo y Bing, entre otros, encuentra directorios de posibles mayoristas, importadores, exportadores, proveedores de *drop shipping* (tú vendes el producto y recibes el pago en tu página web, pagas al proveedor el precio y retienes la ganancia, finalmente el proveedor envía el producto a tu cliente).

Offline

Hay muchas otras fuentes para conseguir productos de manera offline, como por ejemplo a través de artesanos locales, fabricantes locales, ferias de productos, etc.

Posibles negocios online

Promover un servicio

El privilegio de vender online no es solo para productos. También hay muchos servicios en diferentes áreas que siempre están en demanda, como por ejemplo los servicios de asistencia en una determinada área, servicios de diseño, construcción, etc. Por lo que si tienes un servicio para ofrecer, también puedes transformarlo en un negocio online.

Vender los productos de tu tienda física a través de una pagina web

En inglés este tipo de negocio es conocido como *e-tailing*. Consiste en que tienes una tienda física y ofreces los mismos productos en tu tienda online. El cliente puede usar ambos medios para comprar tus productos. Algunos ejemplos son las farmacias o tiendas especializadas de productos, tiendas de ropa como www.gap.com.

Incrementar visitas a tu tienda física

Si ya tienes una tienda física o negocio, puedes beneficiarte sustancialmente de las promociones online para enviar a clientes a tu tienda física. Este es el caso, por ejemplo, de las pizzerías, salones de belleza, almacenes. A través de la promoción de cupones, ofertas de descuento o eventos especiales en tu sitio web puedes enviar clientes a tu tienda física.

Vender tu experiencia y tus conocimientos

Cada vez es más popular la venta de contenido online. Una vez que tu sitio web tenga suficiente tráfico, la publicidad pagada es una fuente de ingreso de tu negocio. Un ejemplo son las páginas de blogs, de los cuales uno de los más grandes es www.enfemenino.com.

Es muy común que el modelo de negocio del blog se combine con el de programa de afiliados, de esa forma cualquier visitante que lea información de tu blog podrá hacer clic en tus enlaces publicitarios lo cual constituye tu fuente de ingreso.

Puedes crear tu blog completamente gratis en www.blogger.com y www.wordpress.com.

Vender en portales de alto tráfico

Estos portales son conocidos en inglés como *storefront* o *brokers*. Si lo que quieres es vender un producto sin tener que crear tu propia pagina web, puedes vender tus productos en un portal de alto tráfico. Amazon, a través de su programa Webstore, e eBay, a través de eShop, permiten crear tu propia tienda online dentro de su sitio web. Amazon, por ejemplo, ofrece la oportunidad de vender productos en su sitio por un cargo mensual más comisión por venta.

Programas de afiliados

Este tipo de negocio online te permite promover productos de otros sitios web a cambio de comisión por venta originada desde tu página. www.CJ.com, www.affiliatefuture.com, www.Shareasale.com son algunos de los programas de afiliados en los que puedes registrarte completamente gratis.

Vender a través del sistema *drop shipping*

Como dijimos anteriormente, este es un sistema donde participan tres partes: tú, el mayorista y el cliente. Tú actúas como intermediario entre el cliente y el mayorista del producto. Cada vez que tu cliente compre el producto en tu sitio web le pagarás al mayorista por el producto y este a su vez lo enviará a tu cliente. Las ventajas de este sistema es que no tienes que lidiar con el inventario ni el proceso de envío de productos.

Tu responsabilidad sería:

➤ Crear tu sitio web y sincronizarlo con el sistema del mayorista.

➤ Establecer el precio del producto (tú decides el margen de ganancia).

➤ Hacer la promoción de los productos para conseguir ventas.

➤ Asumir los envíos y devoluciones.

➤ Encargarte del servicio al cliente.

La responsabilidad del mayorista:

➤ Crear el producto.

➤ Sincronizar su sitio web para que puedas revisar el inventario.

➤ Manejar el inventario.

➤ Enviar el producto.

PASO #3:
PROTEGE TU IDEA

Ya sea que tu idea se transforme en un producto, un servicio o un blog, es muy importante protegerla. Dos términos que debes tener claros a la hora de proteger tu idea son: marca registrada y patentes.

¿Qué es una marca registrada?

Registrar la marca —lo cual se llama *trademark* en inglés— ofrece protección legal al nombre de tu producto o servicio. Por ejemplo, cuando mi producto fue lanzado al mercado pospuse el registro de la marca muchas veces a pesar de que mi esposo es abogado de patentes. Sí, en casa de herrero cuchillo de palo, y después de un año sin la marca registrada otras compañías, incluyendo mi competencia, empezaron a usar el nombre de mi producto en su material publicitario.

¡Lección aprendida! Trata al máximo de registrar tu marca antes de lanzar tu negocio. USPTO (The United States Patent and Trademark Office) es la entidad que aprueba el nombre de tu marca y se demora hasta un año para aprobarla legalmente. Los cargos por solicitud se calculan en unos $275 o más. Tú también podrías registrar tu marca tú mismo usando el sistema electrónico de aplicación para marcas registradas TEAS (Trademark Electronic Application System) en la página oficial de la oficina de patentes de los Estados Unidos: www.USPTO .gov. Sin embargo, primero es aconsejable asesorarse con un abogado especializado en marcas registradas.

¿Qué es una patente?

Si estás planeando lanzar un producto nuevo, la patente son los derechos exclusivos que te da el estado, por un período limitado de tiempo, para excluir a otras personas del uso o producción de tu invento.

A diferencia de la marca registrada, un nuevo producto o invento no debe ser comercializado hasta que al menos no tengas presentada una solicitud ante el USPTO (The United States Patent and Trade Office) para proteger tu producto.

Contrato de confidencialidad

Si algo he aprendido durante mis años en los negocios es a usar los contratos de confidencialidad. El contrato de confidencialidad es un convenio firmado por las partes involucradas, para mantener información acerca del proyecto o empresa en estado de confidencialidad o secreto. El contrato puede ser unilateral, es decir solo una persona revela información como por ejemplo cuando contratas a alguien para que haga un trabajo específico dentro de tu empresa, o bilateral cuando ambas partes se comprometen a no compartir información confidencial con terceros no autorizados.

En muy pocas ocasiones me he encontrado con quienes no quieren firmar el contrato de confidencialidad, pero eso es un indicador de que esa no es la persona correcta con quien trabajar.

Recuerdo que alguien me contactó para distribuir mi producto, era un distribuidor de productos cosméticos, y después de todo era una gran oportunidad. Pero cuando le envié el acuerdo de confidencialidad, nunca más escuche de él. Para mi gran suerte, el negocio nunca se concretó.

Puedes conseguir contratos de confidencialidad en español e inglés en la web. Van desde formatos gratis hasta unos de poco menos de quince dólares.

PASO #4:
EQUIPA TU LUGAR DE TRABAJO

No caigas en la tentación de comprar costosos artículos para la oficina como muebles nuevos, líneas telefónicas sofisticadas y programas que no necesitas. Esto es todo lo que necesitas para empezar:

> ➤ **Una computadora:** por comodidad es preferible una computadora portátil con conexión inalámbrica, especialmente si operas desde tu casa y tienes que escaparte a una habitación cuando un

cliente quiere hacer un pedido por teléfono y tus hijos están viendo televisión.

➤ **Una conexión a internet:** debes tener una conexión a internet inalámbrica y una impresora multiusos (impresora, escáner, fax). Sin embargo, si tienes que imprimir estampillas para enviar tus paquetes, debes usar una impresora inkjet y no láser o de lo contrario el calor que producen las impresoras láser arruinará los sellos adhesivos y tu impresora.

➤ **Línea telefónica y fax para servicio al cliente:** al principio, toma ventaja de los servicios telefónicos ofrecidos por compañías de teléfono por cable a precios reducidos. Muchas compañías de teléfono ofrecen paquetes especiales a bajo costo.

➤ **Programas:** si tienes un límite de dinero, recuerda que hay muchos servicios a bajo costo que te van a facilitar y agilizar el trabajo. Instala en tu computadora Microsoft Word, para redactar cartas y material que necesitas publicar en tu página; y Excel, para labores básicas de contabilidad. Si no puedes comprar el programa, puedes bajar versiones gratis como Microsoft Works. Si no sabes manejar estos programas, puedes ver unas clases sencillas en YouTube.

➤ **Aplicaciones para imprimir:** un programa que te facilite la labor de imprimir sellos-estampillas online para tus paquetes. Por ejemplo www.Endicia.com o www.Stamps.com, por un cargo mensual de $9,95 al mes.

➤ **Un servicio de chat para comunicarte con tus clientes:** hay muchos gratis. Puedes hacer una búsqueda en motores de búsqueda como Google para encontrar el que más se ajuste a tu presupuesto. Un ejemplo: www.zopim.com

➤ **Un servicio de manejo de las redes sociales:** como por ejemplo, www.Hootsuite.com. Estos programas te simplifican el trabajo de comunicarte con tus clientes a través de las redes sociales. Este servicio te permite integrar tus cuentas como Facebook,

Twitter, blogs y YouTube en un solo sitio, lo cual te facilita la labor de enviar tu información en pocos clics.

PASO #5:
ESCRIBE TU PLAN DE NEGOCIO

No podría escribir este libro sin poner énfasis en el plan de negocio, el cual te servirá de guía no solo para evaluar el potencial de tu idea sino para tener más claras tus expectativas. No tiene que ser nada sofisticado, lo más importante es que te sirva de guía y como recordatorio de tu visión inicial del negocio. Lo puedes escribir tú mismo o puedes contratar los servicios de un profesional.

Hay servicios gratuitos de asesoría que no solo te pueden guiar con el desarrollo de tu plan de negocios sino que también en muchas otras áreas. El sitio www.Score.org, por ejemplo, es una organización a nivel nacional sin fines de lucro que ofrece entrenamiento a pequeños empresarios, y te ayuda a crear y hacer crecer tu negocio. Su sitio web está disponible en inglés y español y te permitirá escoger un mentor en tu área, registrarte en talleres y acceder a plantillas e información útiles para tu negocio.

Plan de negocio de una página

Algunos productos requieren de un plan más extenso que otros, dependiendo del nivel de familiaridad que tengas con la industria a la que piensas ingresar. Hay quienes a pesar de no haber escrito un plan de negocios han logrado el éxito, pero eso ya requiere de una habilidad especial.

No tienes que escribir un plan de negocio de treinta o cuarenta páginas. En internet encontrarás ejemplos y formatos de planes de negocio hasta de una página, que te ayudarán sustancialmente. En la siguiente página encontrarás una guía de un plan de negocio muy sencillo que puedes desarrollar en una sola página.

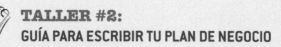

TALLER #2:
GUÍA PARA ESCRIBIR TU PLAN DE NEGOCIO

Puedes buscar ayuda externa o contratar los servicios de un experto, pero tú también puedes desarrollar tu propio plan de negocio, tan sencillo como puedas, teniendo en cuenta los siguientes puntos básicos:

➤ **Misión de tu negocio:** la misión es lo que quieres lograr al empezar tu negocio. Por ejemplo, si haces reparaciones en el área de la construcción, vas a querer tu sitio web para promover tus servicios y atraer más clientes.

➤ **Metas de tu negocio:** aquí explicarás qué hace que tu producto sea único. Vas a resaltar las metas del negocio como, por ejemplo, atraer un determinado número de clientes en el primer año, incrementar el número de ventas de ciertos servicios, etc.

➤ **Análisis del mercado:** información detallada del público que comprará tu producto o servicio: género, edad, ubicación geográfica, ingresos económicos, etc.

➤ **Análisis de la competencia:** información detallada de tus competidores. Determina cuáles son las ventajas y desventajas de tu producto o servicio.

➤ **Operación de la empresa:** esta es la oportunidad de detallar tus estrategias y objetivos para lograr las metas del negocio.

➤ **Análisis financiero:** haz un estimado de los ingresos y gastos, teniendo en cuenta lo siguiente:

  ➤ **Proyección de ingresos:** crea un estimado de los ingresos que proyectas tener al menos para el primer año.

  ➤ **Fuentes de ingresos:** determina cuál será tu principal fuente de ingreso, es decir, si es la venta de productos, servicios, publicidad en tu página web, etc. Guíate por la lista de tipos de productos explicada anteriormente.

  ➤ **Gastos:** Es muy importante tener una proyección de los gastos en el primer año. Esto incluye costos de dominio, *hosting*, diseño, etc.

Nota: Puedes conseguir diferentes ejemplos de planes de negocio de acuerdo a la industria de tu negocio en páginas como www.bplans.com.

PASO #6:
ESCOGE UN PROVEEDOR CONFIABLE

Sin un proveedor que supla la demanda del producto o servicio regularmente y que garantice precios competitivos, no es posible lograr el éxito de tu negocio. Asegúrate de que tu proveedor tenga una buena reputación y que pueda mantener el precio y la producción del producto de acuerdo a tu demanda. Asegúrate, en lo posible, de tener más de un proveedor en caso de que uno de ellos no pueda suplir la demanda.

Es muy conveniente trabajar con proveedores o fabricantes locales, sin embargo puedes conseguir proveedores de productos en sitios web como www.alibaba.com o www.tradekey.com. Debes hacer tu tarea de verificar referencias para asegurarte de que escoges la compañía correcta.

Si deseas más información acerca de cómo hacer tu plan de negocios en una sola página, puedes usar como referencia el libro *El plan de negocios en una página* por el escritor Jim Horan en www.onepage businessplan.com/SPANbookcover.html.

PARA RECORDAR

La mayoría de los negocios que fracasan no han sido debidamente planeados. Tener en cuenta presupuesto, estilo de vida, experiencia, oportunidades y pasión por la industria que escojas te va a poner en el punto de partida correcto.

Es muy importante definir tu perfil de empresario para escoger el modelo de negocio que más se ajuste a tu estilo de vida.

Asegúrate de proteger tu idea, ya sea patentándola o asegurándote de que terceros no obtengan información confidencial acerca de tu compañía.

Si a lo largo de este capítulo crees que debes ampliar tus conocimientos en cierta área, como los modelos de negocio, usa los motores de búsqueda para investigar más a fondo sobre el tema.

Asegúrate de no gastar grandes sumas de dinero en la preparación de tu negocio: planea pero no te quedes en esta etapa.

Hasta aquí has cumplido con los pasos que conforman la planeación de tu negocio online: definir tu perfil de empresario, seleccionar un negocio que se ajuste a tu perfil, determinar tu modelo de negocio, proteger tu idea, equipar tu lugar de trabajo, escribir tu plan de negocio y escoger un proveedor confiable. Ya con tu negocio armado, ahora debes proceder a la planeación y el diseño de tu sitio web. En el siguiente capítulo encontrarás en detalle los pasos que debes seguir para darle un espacio virtual en la red a tu negocio online.

3

Planea tu sitio web

*"Si pudiéramos saber primero dónde estamos
y hacia dónde vamos, podríamos juzgar mejor
qué hacer y cómo hacerlo".*

—ABRAHAM LINCOLN

Así como planear tu negocio requiere de una serie de pasos que debes seguir para garantizar que tu idea de negocio funcione, de la misma manera debes planear el diseño y ejecución de tu sitio web antes de entrar de lleno en el diseño del mismo. Tu idea de negocio online puede ser brillante pero si tu sitio web no cumple con los requisitos requeridos, podrías fracasar en el intento.

La siguiente gráfica te muestra los pasos que debes tener en cuenta dentro de la planeación de tu sitio web:

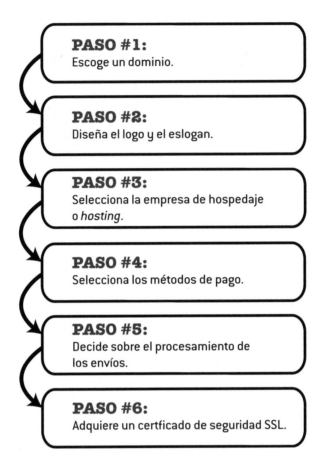

PASO #1:
Escoge un dominio.

PASO #2:
Diseña el logo y el eslogan.

PASO #3:
Selecciona la empresa de hospedaje o *hosting*.

PASO #4:
Selecciona los métodos de pago.

PASO #5:
Decide sobre el procesamiento de los envíos.

PASO #6:
Adquiere un certficado de seguridad SSL.

La planeación de tu sitio web la puedes hacer con la ayuda de un profesional, ya sea una persona idónea en el tema o una empresa dedicada a diseñar sitios web. A través de los motores de búsqueda puedes encontrar muchas empresas en tu ciudad o país que hagan este tipo de trabajos. No obstante, es importante que conozcas el proceso y cada una de sus etapas, ya sea para escoger y negociar con la empresa diseñadora o para que tú puedas implementar el proceso en caso de que decidas planear el sitio web por ti mismo. Ten también en cuenta que puedes contratar a un experto para ejecutar sólo algunas de las etapas y poder hacer otras por tu cuenta.

PASO #1:
ESCOGE UN DOMINIO

Definición de dominio

El dominio no es más que el nombre de tu sitio web acompañado del sufijo de tu preferencia. Por ejemplo: Apple.com. El dominio debe ser fácil de recordar lo cual hará que tus visitas puedan encontrar tu negocio en la web mas fácilmente. De ahí que el hecho de escoger el dominio y conocer las reglas de registro de tu dominio sea muy importante.

Tu pagina de inicio, una vez al aire, se leerá de la siguiente manera: http://www.apple.com. A esta estructura es a la que llamamos dirección URL, que en inglés se refiere a "Uniform Resource Locator" y en español se traduce como "Localizador de recursos uniformes". Cada página tendrá un URL, como indica el ejemplo:

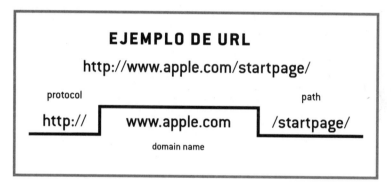

Características de un buen dominio

Al momento de escoger el dominio de tu sitio, asegúrate de que cumpla con las siguientes características:

➤ Es fácil de pronunciar.

➤ Es corto, en lo posible dos o tres palabras.

➤ Es fácil de recordar.

➤ Es el nombre de tu compañía o es la marca de tu producto. Por ejemplo: SoloWebMarketing.com.

➤ Contiene palabras clave que tus potenciales clientes usualmente podrían utilizar para buscar productos o servicios como el tuyo en los motores de búsqueda.

Y, en lo posible, evita los siguientes errores:

➤ Escoger un dominio confuso, como por ejemplo www .Dtumano.com, en el que se usan letras que suenan como palabras. "Dtumano" es un dominio confuso porque tus clientes buscarán la página web con el nombre como suena, "detu-mano", lo cual los enviaría a una página diferente. Ahora, la manera de evitar el problema si el nombre Dtumano es tu preferido, es comprar un segundo dominio con la variación www.detumano y así tus clientes llegarán a tu página de todas maneras.

➤ Usar guiones entre palabras (aunque encontrarás nombres de sitios web con esa estructura) no es lo ideal. Es mucho más difícil recordar la dirección web cuando contiene guiones o símbolos.

Si tu producto no tiene un nombre aún y tienes flexibilidad para escoger el nombre, puedes usar una herramienta llamada "Google Keyword tool" la cual puedes buscar en los motores de busqueda. Esta herramienta te permitirá encontrar palabras clave con alto tráfico que pueden servirte para crear tu dominio. Esto le hará fácil a tus potenciales clientes encontrarte a través de los motores de búsqueda.

Extensiones del dominio

Compra la extensión ".com" en lo posible. Sin embargo puedes explorar otras extensiones dependiendo de la naturaleza de tu negocio. Puedes usar los motores de búsqueda como Google y Yahoo para buscar la lista completa de las diferentes extensiones.

EXTENSIONES DE DOMINIO MÁS COMUNES

.com	Abreviación de "comercial"; es la más comúnmente usada para negocios en general.
.org	Abreviación de "organización"; es usada por empresas sin fines de lucro.
.net	Abreviación de "network"; es usada para negocios por internet.
.info	Abreviación de "información"; es usada para fuentes de información.
.biz	Abreviación de "business"; es usada por pequeños negocios.

Si tu negocio opera u operará fuera de los Estados Unidos, podrías buscar el sufijo que corresponda a ese país, lo cual te dará mas visibilidad y tus clientes te podrán encontrar más fácilmente en ese país. Por ejemplo, eBay en España es compraventa.ebay.es, ya que el sufijo de España es "es".

La compra y el registro del dominio

Hay muchísimas compañías que ofrecen el servicio de venta y registro de dominios en internet. Cada una difiere en precio y servicio. Puedes iniciar una búsqueda en Google, Yahoo o Bing sobre servicios de hospedaje de sitios web, más conocidos en inglés como *hosting services*.

Voy a ilustrar el proceso de compra y registro de un dominio a través de una de las empresas de dominios más conocidas, www.Godaddy .com, la cual tiene soporte técnico en español. No está de más decir que puedes usar la empresa que más te convenga.

LA COMPRA Y REGISTRO DE UN DOMINIO EN WWW.GODADDY.COM

1. Visita https://es.godaddy.com/ y selecciona de la barra del menú la opción "dominios":

2. Escribe el nombre del dominio y el sufijo que deseas y haz clic en "GO".

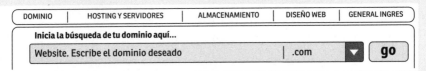

3. La página siguiente te dirá si el dominio está disponible o no. En caso de no estar disponible la combinación del nombre y el sufijo que deseas, prueba con otras combinaciones o cambia el nombre si tienes esa flexibilidad.

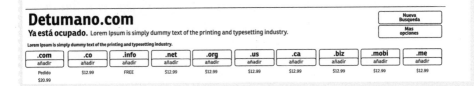

4. Si el dominio está disponible haz clic en "Añadir" para iniciar la compra.

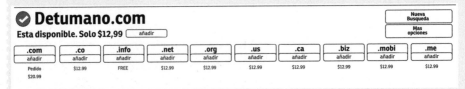

Si te sientes más cómodo negociando en español, asegúrate de que la compañía que utilizas brinde esa opción. Es importante que la compañía de registro de dominios ofrezca el servicio en el idioma que mejor manejas. Empresas como www.1and1.com y www.Godaddy.com tienen departamentos de ventas y técnicos en español.

Cuando compras tu dominio, debes dar tus datos personales como nombre, dirección y teléfono. La información de contacto debe ser veraz o de lo contrario la entidad internacional que gobierna el registro de los dominios, ICANN, puede cancelar tu dominio si la información es falsa o incorrecta.

Debes decidir si quieres que tu información de contacto aparezca de manera privada o pública en el directorio online de WHO IS, www .Whois.net. Esta es una organización que le permite acceso a terceros que quieran verificar información acerca de dueños de dominios. Al registrar tu dominio tendrás dos opciones: que tu información de contacto sea accesible al público o que no lo sea. Cuando tomes la decisión ten en cuenta lo siguiente:

➤ **Información de contacto privada:** cuando registras tu dominio como privado, tu información personal no aparece en los registros de WHO IS. Estos datos son remplazados por la información de contacto de la compañía que te vendió el dominio. Ciertas compañías como 1and1.com ofrecen el servicio privado completamente gratis, sin embargo otros como Godaddy.com cobran hasta doce dólares adicionales por año.

➤ **Información de contacto pública:** en estos casos la información de contacto es publicada en los registros de WHO IS. Una opción para no publicar tus datos personales es utilizar la información de tu empresa. Para negocios online es altamente recomendable que en el registro público aparezca la información de tu empresa, lo cual inspira confianza a tus clientes.

Precio de un dominio

El precio anual promedio de los dominios en los Estados Unidos es de $11 en adelante por la extensión ".com". Otras extensiones como ".info" son más económicas. Sin embargo, extensiones como ".movil" y ".TV" pueden ser inclusive más costosas que la extensión ".com".

El nombre que quería está tomado, ¿y ahora qué?

A medida que internet se ha hecho más accesible y las compañías de *marketing* tienen más acceso a información sobre las palabras clave o *keywords* que se utilizan para encontrar información en los motores de búsqueda, los nombres que te vienen a la mente podrían ya estar tomados.

Cuando un dominio no está disponible, la compañía de hospedaje (o *hosting*) te da algunas opciones, que puedes o no usar, pero que pueden ser una buena alternativa. Para esto, ten en cuenta las siguientes recomendaciones:

➤ Aprovecha las variaciones del nombre que la compañía de *hosting* te ofrece y juega con las palabras hasta que consigas el dominio disponible.

➤ Agrega verbos antes del nombre como por ejemplo "shop", "compra", "get". Por ejemplo, el dominio de la compañía de loncheras para estudiantes Yubo es www.getyubo.com y el dominio del sitio web de la tienda de ropa para jovencitas "Justice" que es www.shopjustice.com.

PASO #2:
DISEÑA EL LOGO Y EL ESLOGAN

Una vez que hayas comprado tu dominio, el próximo paso será diseñar el logo y el eslogan que usarás en tu página y en cualquier material publicitario de tu compañía.

➤ **Logo:** es el símbolo o la gráfica adoptado por tu compañía que representará tu producto o servicio. En el caso de McDonald's, por ejemplo, la M color amarillo es su logo.

➤ **Eslogan:** es la frase memorable que acompaña al logo y describe la cualidad más importante del producto. Por ejemplo, el eslogan de los productos Goya es "¡Si es Goya… tiene que ser bueno!".

Si es **GOYA** … tiene que ser bueno!○

PASO #3:
SELECCIONA EL *HOSTING*

La empresa de hospedaje, a la que en inglés y más comúnmente se le dice *hosting*, se refiere a la compañía que se va a encargar de publicar tu página para que tus clientes la consigan en la web. Sin importar si ya tienes diseñado tu sitio web o si estás en medio de ese proceso, puedes ir buscando al proveedor de *hosting* de tu negocio online.

El término *hosting* puede ser confundido con ISP (Internet Servicie Provider). ISP es la compañía que provee la conexión a internet mientras que el *hosting* es la compañía que conecta tu servidor con internet para permitir la transmisión de tu sitio al resto del mundo.

El tipo de compañía de hospedaje de sitios web que buscas depende de las necesidades y naturaleza de tu sitio web. Difieren en precios, espacio del servidor (*server space*) y velocidad (*bandwidth*). Lo mejor en este caso es hacer una búsqueda en la web por "empresas de *hosting*" para comparar precios y beneficios. Los empresas de *hosting* ofrecen diferentes niveles de servicio, desde el más básico hasta el más complejo. Empezar por el servicio básico es una buena opción porque resulta más económico. Podrás adquirir otros niveles de servicio a medida que tu sitio lo requiera.

Características de las empresas de *hosting*

Memoria (*disk space*)

La memoria es la capacidad de almacenamiento que te ofrece el servicio. La memoria se mide en megabytes. Una página web sencilla necesitará de 5 a 10 megabytes. Sin embargo, encontrarás que muchas compañías de *hosting* ofrecen un número ilimitado de memoria.

Velocidad (*bandwith*)

Es la velocidad con que el servidor puede enviar y recibir información en un determinado momento. Por ejemplo, cuando la nueva computadora británica que costaba solo veintidós euros salió al mercado, el número de visitas fue tan alto que provocó que el sitio web de la compañía quedara fuera de servicio y se bloqueara.

Capacidad de la base de datos (*database capability*)

Si tu página requiere de una base de datos para el inventario de productos, debes asegurarte de que este servicio no requiera un pago extra o, si lo tiene, saber cuál es el costo adicional.

Transferencia de datos (*data transfer*)

Hoy en día el término de transferencia de datos es más común gracias al servicio de teléfonos celulares como los iPhone y Androides por los que se paga un cargo adicional si se bajan fotografías, videos u otros documentos.

Sistema operativo (*operating system*)

Así como existen computadoras que operan con el sistema Windows, como las llamadas PC, y otras Macintosh o MAC, de la misma manera existen dos tipos de sistemas operativos para los sitios web:

➤ Windows: para páginas hechas en lenguajes más complejos, como ASP (Active Server Pages).

➤ Linux: para páginas hechas en PHP (Hypertext Preprocessor).

Para saber cuál sistema operativo es mejor para tu sitio web, puedes consultar con tu diseñador o con la empresa de *hosting*, los cuales te dirán con más precisión en qué consiste cada uno y los beneficios que brindan.

Copia de la información (*backup*)

Es muy importante preguntarle a tu compañía de *hosting* cada cuánto hacen una copia de tu sitio web. En el caso de que pase algo con tu página y pierdas uno o más archivos, la compañía usará la última copia que ha hecho para tu sitio web. Algunas compañías hacen copia de los archivos una vez a la semana y otras lo hacen todos los días.

Hace un par de años uno de mis sitios web fue atacado con un virus y pudimos rescatar la última versión de la página acudiendo a los archivos que habían sido guardados la semana anterior. Es muy importante que monitorees tu página diariamente.

Análisis web (*web analytics*)

El análisis web te va a permitir obtener estadísticas acerca del comportamiento y preferencias de los usuarios de tu sitio: qué páginas son más visitadas, de dónde vienen las personas que visitan tu sitio, etc. Veremos más acerca del análisis web más adelante.

Soporte técnico

No podría poner más énfasis en este aspecto al momento de contratar cualquier servicio. Es importante que tu compañía de *hosting* ofrezca un buen servicio técnico con horarios extendidos. Por ejemplo, si detectas que tu sitio web no está funcionando a las once de la noche, ayuda mucho poder comunicarte con la compañía de *hosting* para que solucione el problema a esa hora y no a las ocho de la mañana del día siguiente.

Si el idioma es una barrera, tratarás en lo posible de contratar los servicios con una compañía que hable tu idioma de tal manera que puedas entender lo que está pasando.

Hoy en día hay mucha competencia y uno de los puntos de distinción entre un servicio y otro es la accesibilidad al personal del equipo técnico.

Programa constructor de página web (*site builder*)

Muchas compañía de web *hosting* ofrecen el programa de *site builder*. Esto quiere decir que puedes usar un programa incorporado que te permite diseñar tu página web tú mismo sin necesidad de tener conocimientos de códigos de programación. Puedes usar los servicios de un programador o diseñador si crees que no lo puedes hacer tú mismo.

Si vas a vender un producto o servicio y necesitas un sistema de carrito de compras o *"shopping cart"* puedes escoger entre los diferentes paquetes que te ofrecen. Por ejemplo, 1and1.com ofrece tres paquetes, comenzando con uno básico que sólo cuesta $9,99 al mes y te permite construir tu sitio web basado en formatos prediseñados de acuerdo a tu industria.

Capacidad de *e-commerce*

Si planeas instalar un carrito de compras, debes asegurarte de que este servicio se ofrezca dentro del plan de *hosting* que escojas.

Muchas plataformas de *e-commerce* te permiten crear tu sitio web sin necesidad de usar códigos de programación. Por un pago mensual te ofrecen todo en uno. Esto quiere decir que la plataforma te ofrece: servicio de *hosting*, carrito de compras y diseño de página sin usar códigos de programación.

Algunos ejemplos de estas plataformas son: www.Bigcommerce.com, www.Magento.com, www.Volusion.com. Estas integran a tu página diferentes servicios como e-mail, servicios de chat, redes sociales, etc., con solo hacer un clic.

¿Tengo que comprar el dominio con la misma compañía de hospedaje?

No. La mayoría de las compañías de *hosting* también vende dominios, pero no es necesario hospedar tu sitio web con la misma compañía que te ha vendido el domino. Si bien el paquete ofrecido es atractivo cuando compras el dominio y el *hosting* en una sola empresa, lo más importante es seleccionar el servicio de *hosting* apropiado a las necesidades de tu página y luego puedes redireccionar tu dominio a la compañía de *hosting* de tu preferencia.

Por ejemplo, si compro mi dominio en www.1and1.com y quiero hospedar mi pagina en www.VPS.net, lo que hago es cambiar la dirección de internet a los servidores de VPS.net para que redireccione el dominio a mi cuenta de VPS. Puedes llamar a tu compañía de *hosting* y ellos te guiarán durante todo el proceso.

PASO #4:
SELECCIONA LOS MÉTODOS DE PAGO

Hoy en día el privilegio de usar diferentes sistemas de pago online no se reserva únicamente a negocios que venden solamente productos. La facilidad de pagos a través de las redes electrónicas ha hecho posible que negocios de servicios procesen también pagos online.

Antes de hablar de los métodos de pago veamos en qué consiste el sistema de pago a través de tu sitio web.

Proceso de compra online

Para ofrecer el servicio de pagos a través de tu sitio web vas a necesitar un carrito de compras o *"shopping cart"*. Un carrito de compras es un software o programa que actúa como una pantalla para elegir y guardar por un tiempo determinado los productos que tu cliente posteriormente va a comprar. El carrito de compras está diseñado para facilitar la labor de compra online y puede ser fácilmente integrado al diseño de tu página.

A través del carrito de compras, el cliente podrá brindar sus datos de contacto como información de facturación y envío. Adicionalmente, el carrito de compras asigna los cargos de impuestos y cargos de envío. Posteriormente, computará todos los cargos de compra, como el valor del producto, gastos de envío, impuestos y le dará el valor total del pedido al cliente.

Métodos de pago

Ofrecer al cliente la facilidad de pagar por tu servicio o producto usando diferentes medios de pago no solo incrementa tus chances de vender sino también de ofrecer un mejor servicio.

Hay diferentes métodos de pago y a continuación hablaremos de los más comunes:

(a) **Tarjeta de crédito o débito:** para procesar tus pagos con tarjetas de crédito o débito necesitas una cuenta de vendedor que se encargue del proceso de transacciones con tarjeta de crédito que en inglés se conoce como *merchant account*. Puedes crear un *merchant account* con la compañía de tu preferencia. Sin embargo, es importante que conozcas quiénes están involucrados en el proceso:

➤ **Servicios de *merchant* o vendedores:** son compañías que sirven de intermediarias entre el vendedor, en este caso tú, y las compañías de tarjetas de crédito. Estas compañías administran y supervisan el sistema de procesamiento de tarjetas de crédito. Este servicio tiene un cargo mensual más una comisión por procesamiento de la venta. Un ejemplo de este tipo de empresas es www.flagshipmerchantservices.com, el cual ofrece servicio al cliente en español.

➤ **Procesador de pagos:** las compañías *merchant*, en este caso www.flagshipmerchantservices.com, adquieren los servicios de un procesador de pagos como por ejemplo iPayment, el cual se encarga directamente de procesar las transacciones de tarjeta de crédito y débito. iPayment procesa y recibe los pagos que posteriormente serán depositados en tu cuenta bancaria.

➤ Hay un tercero que se encarga de que esos datos procesados viajen de manera segura en internet. A este lo llamamos el *gateway*. El *gateway* se encarga de transportar en la web esos datos recibidos por la compañía procesadora de pagos, iPayment, de manera segura. Un ejemplo de *gateway* es Authorize .net. El servicio de *gateway* puede ofrecerte servicios extras que te permiten verificar que los datos del pedido, como la dirección de facturación, concuerden con los datos de las tarjetas de crédito o débito, disminuyendo así situaciones de fraude.

La diferencia entre los diferentes servicios procesadores de tarjetas de crédito es el porcentaje de comisión, el servicio al cliente que ofrecen y la frecuencia con que envían los pagos a tu cuenta. Asegúrate de que los fondos sean transferidos a tu cuenta diariamente. Eso te evita el trabajo extra de hacer tus transferencias manuales. El porcentaje en algunos *merchants* va desde el 1,8% en adelante.

Cuando empecé mi negocio, decidí tomar la oferta de PayPal. PayPal funciona también como un servicio procesador de tarjetas de crédito a través del servicio llamado PayPal PRO que permite procesar pagos con tarjetas de crédito. Por un cargo mensual de $30 y una comisión sobre las ventas de un 3,5%, si tu producto o servicio tiene un buen margen de ganancia, esta es una buena opción que podrías explorar. PayPal es uno de los más rápidos y fáciles de implementar. Si tu negocio operara fuera de los Estados Unidos, debes preguntar si PayPal ofrece sus servicios en tu zona, o en tal caso puedes buscar un operador local que ofrezca servicios similares.

Algunas de las desventajas de PayPal como procesador de tarjetas de crédito es que los fondos recolectados por ventas no son enviados diariamente a tu cuenta de banco. Los retiros los debes hacer manualmente; no hay cargo adicional por retiros de dinero a tu cuenta pero el depósito tarda de tres a cuatro días.

(b) **Cuenta PayPal:** es un sistema de pago gratis para el comprador pero con un cargo por venta al vendedor. Muchas personas no se sienten seguras usando su tarjeta de crédito en negocios online que no conocen o con los que no están familiarizados. Es por eso que abren una cuenta con PayPal. Cuando integras tu carro de compras con PayPal, este proveedor procesa los pagos de tus clientes sin revelar el número de la tarjeta de crédito.

Así uses un procesador de tarjeta de crédito y débito, es aconsejable que ofrezcas pagos PayPal.

(c) Giro postal (*money order*): los clientes de los Estados Unidos pueden enviar giros postales comprados en la oficina nacional de correos o de las compañías MoneyGram y WesternUnion. Esta es una buena opción de pago para clientes que podrían no tener tarjeta de crédito o cuenta de PayPal.

(d) Transferencia de dinero vía MoneyGram o Western Union: este método no es común, sin embargo algunos pequeños negocios lo usan en caso de que haya clientes que necesiten enviar pagos inmediatos para recibir el pedido rápidamente. Los pagos electrónicos a través de MoneyGram o Western Union pueden ser recibidos en cuestión de minutos lo cual agiliza el envío. Como las transferencias de dinero vía MoneyGram o Western Union únicamente pueden ser recibidas por una persona y no una empresa, deberás proveer al comprador del nombre de la persona que recibirá el pago.

El proceso crea un poco de desconfianza en los clientes por eso te debes asegurar de indicar en tu sitio web las instrucciones exactas de cómo se hace este tipo de transacciones y a quién van dirigidas.

(e) Pagos en efectivo: lo creas o no, he recibido muchos sobres con dinero en efectivo. Aunque no ofrezco el servicio de pagos en efectivo, nunca faltan los que envían pagos de esta manera.

(f) Otras formas de pago: en algunos países de Sudamérica existen además otras posibilidades de pago online, como por ejemplo la consignación bancaria, el envío de efectivo a través de instituciones como baloto electrónico y las transferencias bancarias.

Cómo evitar fraude

Como empresa pequeña debes tomar ciertas precauciones al procesar pagos con tarjetas de crédito y PayPal. Debes asegurarte de que cada transacción cumple ciertos requisitos impuestos por las entidades financieras para evitar sorpresas.

Verifica detalladamente la información del pedido

Al procesar tarjetas de crédito asegúrate de que la dirección de facturación y la de envío sean la misma. Siempre confirma que el correo electrónico y el teléfono funcionen. Si el teléfono está fuera de servicio o el correo electrónico no funciona, esa debe ser una señal de que necesitas confirmar más datos acerca del cliente.

Contrata un servicio extra de verificación de direcciones

Este sistema —que en inglés se conoce como AVS (Address Verification System) o sistema de verificación de direcciones— permite que tu procesador de tarjetas de crédito verifique que la dirección de facturación del pedido y la dirección en los registros de la tarjeta de crédito del cliente sean la misma. Tu procesador de tarjetas de crédito ofrece este servicio por un costo adicional. Authorize.net ofrece este servicio por un costo de cinco centavos de dólar por transacción.

Asegúrate de que el servicio de envíos que usas tenga un número de rastreo

Todos los paquetes que envías a tus clientes, ya sea por el correo nacional de los Estados Unidos o cualquier otro servicio, deberán ser enviados con servicio de *tracking*. Esto facilitará localizar paquetes perdidos o no reclamados.

Evita a toda costa una solicitud de rembolso

La solicitud de rembolso, conocida en inglés como el *chargeback*, ocurre cuando tu cliente, por alguna razón justificada o no, inicia un reclamo de rembolso de dinero a la compañía de tarjeta de crédito o PayPal. Un reclamo de rembolso puede ocurrir cuando el cliente alega no haber autorizado la compra, que el producto recibido no corresponde a la descripción proveída al momento de la compra o que el pedido nunca fue recibido. Cada rembolso te impone entre quince y treinta dólares de penalidad.

Aunque una solicitud de rembolso a veces es inevitable, una de las maneras más efectivas de reducir el número de reclamos es la constante comunicación con el cliente durante y después de la compra. Recuerda que el servicio al cliente es la clave. Por ejemplo, a veces te encontrarás con clientes que pueden iniciar *chargebacks* porque no reconocen el nombre de tu compañía en los extractos de sus tarjetas de crédito o porque fue el hijo o su esposa quien utilizó la tarjeta. Por lo tanto, es de tu interés que antes de hacer el envío del pedido te asegures, en lo posible, de confirmar que el dueño de la tarjeta reconoce el nombre de tu compañía en el estado de cuentas de la tarjeta de crédito. Asegúrate de que el nombre de tu página web aparezca en el extracto de su tarjeta de crédito.

Algunos servicios de envíos internacionales no proveen servicio de *tracking* lo que hace que el riesgo de reclamo de rembolso sea más alto.

Aunque no hay garantía de que la tarjeta de crédito acepte tu argumento, es importante hacer que el cliente marque la casilla a través de la cual acepta los términos y condiciones del pedido. Por ejemplo, además de hacer que mis clientes acepten los términos y condiciones de la orden, deben responder un correo electrónico que explica las condiciones del envío y aceptan la responsabilidad de pérdida del paquete en caso de que escojan un servicio de envío que no provea servicio de *tracking*.

Indicadores de posible pedido fraudulento

1. El cliente pide que le envíes el producto lo antes posible con el argumento de que lo necesita en seguida, en muchos casos los pedidos con entrega al día siguiente son muy susceptibles a este tipo de fraude.

2. El valor de la orden es sustancialmente mayor al valor promedio de las órdenes.

3. La dirección de facturación no es la misma que la dirección de envío.

4. Llamas por teléfono y este se encuentra fuera de servicio o el correo electrónico es incorrecto.

PANORAMA EN AMÉRICA LATINA

Si tu negocio va a operar en América Latina es muy importante que tengas conocimiento acerca de los medios de pagos existentes en la región y de las empresas locales que ofrecen el servicio de procesamiento de tarjetas de crédito. Hay muchas empresas internacionales que operan también en América Latina. Si tú decides vender tus productos o servicios internacionalmente, puedes tener como proveedor de medios de pagos a una de estas compañías. No obstante, si tu negocio va a vender localmente, por ejemplo solo en Colombia, podrías optar por una empresa procesadora de pagos de ese país.

EMPRESAS DE PROCESAMIENTO DE TARJETAS DE CRÉDITO QUE OPERAN EN AMÉRICA LATINA

EMPRESAS LOCALES

Mercado Pago	Líder en América Latina. Argentina, Brasil, Chile, Colombia, México y Venezuela
Dinero Mail	Argentina, Brasil, Chile, Colombia y México. Competencia directa de PayPal en América Latina.
Pagos Online	Operador colombiano. Permite recibir pagos locales desde América Latina a cualquier empresa dentro y fuera de la región.
Servipag	Chile
Decidir Veraz	Argentina
Net Payment Services	Argentina
All pago	Brasil
Pagamento Digital	Brasil
Pagseguro	Brasil
Tu compra.com	Colombia
Interpagos	Colombia
Place to Pay	Colombia
Zona Pagos	Colombia
Avisor Technologies	Colombia y República Dominicana

EMPRESAS INTERNACIONALES	
PayPal	A pesar de ser líder mundial, no en todos los países de la región opera con el 100% de los servicios que ofrece a nivel internacional. Buena presencia en Chile y Perú.
2 Check Out	Además de procesar tarjetas de crédito tiene la opción de envío de una tarjeta Master Card directamente al correo postal y se puede utilizar para sacar dinero en efectivo desde cualquier cajero en cada país.
Visa	Recibe tarjetas de crédito vinculadas a Visa y sus derivados. Opera a través de Visanet.
Safety Pay	Perú, Chile, México, Brasil y Costa Rica
Money Bookers	Opera en cualquier país de América Latina pero es principalmente conocida en Uruguay.
CyberCash	Operador mundial incluyendo operaciones en América Latina.

Otros medios de pagos utilizados en América Latina son:

➤ Envío de dinero a través de Western Union.

➤ Prepago a través de Ar Cash.

➤ Dinero electrónico o digital a través de CyberCash, Cybercoin, E-cash, Net Cash, Minipay, Millicent, DigiCash.

➤ Cheques electrónicos a través de E-check, Netcheque, Check Free.

➤ Contra entrega.

➤ Transferencia.

➤ Rapipago.

➤ Pagofácil.

PASO #5:
DECIDE SOBRE EL PROCESAMIENTO DE LOS ENVÍOS

Tipos de envío

Este es el momento de decidir si tu negocio online proveerá servicio de envío únicamente a nivel nacional o si además ofrecerás envíos internacionales. Los envíos nacionales son menos costosos y, dependiendo del peso de tu producto, puedes enviar paquetes vía primera clase hasta por menos de dos dólares con servicio de *tracking*.

Los sistemas de envíos más populares en los Estados Unidos son Primera clase (First Class Parcel), servicio de prioridad de tres días (Priority Mail) y servicio de entrega al día siguiente (Express Mail).

En cuanto a los envíos internacionales, presentan la desventaja de ser muy costosos especialmente los que proveen el servicio de *tracking*. El riesgo asociado con servicios de envío internacional que no proveen *tracking* es alto, pero la decisión depende del tipo de producto y el riesgo que se quiera asumir en caso de pérdida de paquetes.

Los servicios de envíos internacionales más populares son: primera clase internacional, servicio de prioridad y servicio de envío *express* que provee servicio de *tracking*.

Compra de estampillas online

La oficina nacional de correos ofrece el servicio de la compra de estampillas o sellos online. Esto ciertamente facilita y agiliza la labor de envíos. ¿Cómo funciona? De dos formas: imprimiendo los sellos online desde el sitio web www.USPS.com o usando el servicio de terceros.

1. *Imprimiendo los sellos online directamente desde el sitio web de la Oficina de Correos de los Estados Unidos, www.USPS.com:* Para imprimir los sellos online debes abrir una cuenta online con la oficina de correos online. Una vez que tengas tu cuenta puedes usar los servicios de "clickNShip" que te permiten imprimir los *labels* o sellos de estampilla que luego adherirás a cada paquete. Para mayor información visita www .usps.com.

2. *Imprimiendo los sellos online usando el servicio de terceros como www.endicia.com y www.stamps.com:* Para usar el servicio de terceros debes abrir una cuenta con uno de estos servicios por un costo mensual más costos de estampilla. Luego te habilitarán para bajar un programa, el cual una vez instalado en tu computadora se comunica electrónicamente con el sistema de la oficina de correos y te permite imprimir los sellos online.

Estas compañías te ofrecen servicios adicionales que te facilitan la labor no solo de compra de sellos o estampillas sino de búsqueda de datos de cada envío de una manera simple y rápida. Para mayor información visita los sitios www.endicia.com o www.stamps.com.

PASO #6: ADQUIERE UN CERTIFICADO DE SEGURIDAD SSL

La mayor preocupación del cliente que compra en línea es si el negocio online en el cual está haciendo su compra es seguro. Para garantizarle a tu cliente que los datos ingresados en tu carro de compras están navegando la web de manera segura y que no son vistos por terceros, deberás adquirir e instalar en tu sitio web un certificado de seguridad SSL. El SSL corresponde en inglés a "Secure Socket Layer", un sistema que transmite datos confidenciales del cliente tales como direcciones, números de teléfono, números de tarjetas de crédito, claves, etc., usando un sistema de códigos que únicamente pueden ser reconocidos entre las partes involucradas.

Un cliente puede verificar que un negocio online posee un certificado SSL cuando al ingresar su información confidencial aparece un candado al lado de la dirección URL y automáticamente el URL cambia de http a https. La "S" significa que esa página está dentro de la carpeta protegida por el certificado de seguridad.

Los certificados de seguridad varían en precios. Puedes conseguir algunos muy económicos desde cincuenta dólares al año, como en www.Godaddy.com. También es posible encontrar compañías de *hosting* que los ofrecen gratis. Cuando elijas tu compañía de *hosting* asegúrate de que tienes toda la información acerca de los certificados de seguridad requeridos. Por ejemplo la compañía de *hosting* www .Hostgator.com ofrece un SSL gratis cuando tomas uno de sus servicios *premium* de *hosting*.

Asegúrate de que puedes instalar un certificado SSL comprado en una compañía diferente a tu compañía de *hosting* y también pregunta cuánto cuesta la instalación del certificado. Cuando estaba instalando el certificado SSL en uno de mis sitios, hospedados en la plataforma de *e-commerce* Magentogo.com, me encontré con la gran sorpresa de que debía pagar $99 por instalar un certificado de seguridad que había comprado en www.Godaddy.com por $50.

PARA RECORDAR

Tu idea de negocio online puede ser brillante pero si tu sitio web no cumple con los requisitos requeridos, podrías fracasar en el intento. Asegúrate de que todos los elementos que juegan un papel importante en la planeación de tu sitio han sido considerados.

Adquiere los servicios que tienen más sentido para tu tipo de negocio.

1. Escoge un dominio fácil de recordar y asegura la extensión ".com" en lo posible.

2. Escoge un servicio de *hosting* con las características que garanticen un óptimo funcionamiento de tu sitio web.

3. Brinda diferentes opciones de pagos a tus clientes, esto incrementará tus ventas.

4. Imprime tus etiquetas (*labels*) o sellos online usando el sistema

ClickNShip de la Oficina de Correos de los Estados Unidos. Esto te ahorrará tiempo y dinero.

5. Selecciona los métodos de pagos y envío.

6. Asegúrate de que puedes identificar las órdenes fraudulentas para evitar *chargebacks*.

4

Diseña tu sitio web

Zapatero a tus zapatos.

Hace un tiempo, fui contactada por un dueño de negocio, al que llamaremos Juan en este libro. El negocio de Juan es comercializar productos cosméticos en salones de belleza y la idea de crear su propia tienda online y vender productos al consumidor permitiría ampliar su negocio y aumentar sus ventas.

El sobrino de Juan muy amablemente se ofreció a diseñar su sitio de *e-commerce*. El diseño del sitio no parecía tener nada extraordinario pero estéticamente lucía bien. Juan vendía pocos productos así que para Juan su sobrino, que estaba estudiando programación, era la persona indicada para hacer el trabajo a bajo costo. Pero Juan había creado esa página hacía más de un año y aún no había vendido ni un solo artículo en su tienda online.

Desesperado y decepcionado por sus frustrados esfuerzos de ampliar su negocio en la web, acudió a una firma de manejo de imagen de productos a los cuales yo asesoro en el área de *marketing* online. Hablando con Juan pude darme cuenta de que Juan no tenía ni idea de lo que estaba pasando con su sitio. Para empezar, su sitio tomaba demasiado tiempo para cambiar de una página a otra, no había ningún tipo de certificado de seguridad que protegiera las transacciones en la página, la descripción de los productos estaba incompleta y en general el sitio web no había sido diseñado para cumplir con el principal propósito: facilitar el proceso de compra.

Al igual que Juan, muchos de nosotros caemos en el error de querer abaratar los costos de producción del sitio web, diseñándolo nosotros mismos o utilizando los servicios de personas sin experiencia. A menos que literalmente tengas poco o ningún dinero para invertir en un servicio profesional y que cuentes con tiempo extra y paciencia para diseñar tu sitio web, esta opción claramente resulta en pérdida de tiempo, pérdida de dinero y en muchos casos abandono del proyecto en esta primera fase.

Hay sitios web como es.elance.com y www.Odesk.com donde puedes encontrar servicios profesionales que se ajusten a tu presupuesto. También encontrarás foros de diseño de páginas web online donde podrías ampliar tus conocimientos en tu área de interés, como por ejemplo www.smashingmagazine.com. Si el contenido está en inglés puedes traducirlo utilizando el traductor de Google: translate.google .com/#en/es.

Independientemente de que te lances a la aventura tu mismo o contrates a un profesional, es de suma importancia entender el proceso y los pasos que conlleva diseñar un sitio web para vender productos así como conocer los elementos que lo componen. Después de todo es tu negocio.

La siguiente gráfica te muestra los pasos que debes tener en cuenta, desde cómo seleccionar la persona indicada para el diseño de tu página hasta cómo seleccionar el contenido de la misma.

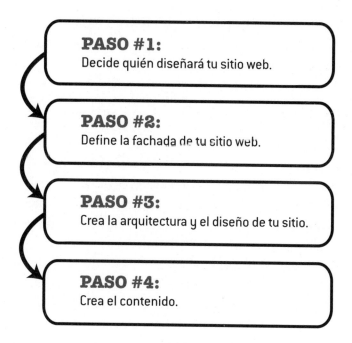

PASO #1:
Decide quién diseñará tu sitio web.

PASO #2:
Define la fachada de tu sitio web.

PASO #3:
Crea la arquitectura y el diseño de tu sitio.

PASO #4:
Crea el contenido.

PASO #1:
DECIDE QUIÉN DISEÑARÁ TU SITIO WEB

Ocho de cada diez personas con las que hablo acerca de su intenciones de tener su presencia online, creen que ellos mismos pueden diseñar su sitio web o tienen un amigo, un familiar o alguien que ofrece diseñárselo. A menos que seas un experto en diseño de sitios web, es mejor que dejes esta responsabilidad en manos de un experto.

Diseña tu propia página web

Esta es sin duda la opción menos costosa para diseñar una página web sencilla. Por ejemplo, Luis es dueño de un restaurante de comida mejicana y quiere tener su página web para promover su restaurante y su menú online. Luis podría, sin conocimiento de programación, hacer su propia página web usando servicios como www.intuit.com o www.site

builder.com los cuales ofrecen formatos prediseñados. Por ejemplo, la pagina web www.hispanic-culture-online.com ha sido hecha por su propia dueña usando www.sitebuilder.com.

Contrata un profesional para diseñar tu sitio web

Cuando el sitio web es un poco más complejo, como es el caso de sitios de negocios online que necesitan la integración de un carrito de compras o una base de datos extensa o requieren elementos interactivos más laboriosos, entonces un profesional te servirá de mucha ayuda.

Muchos confunden a un diseñador de sitios web con un programador; es como comparar a un diseñador de interiores con un ingeniero civil. El diseñador se encarga del aspecto visual de cada página mientras que el programador se encarga de la funcionalidad del sitio, es decir, da las instrucciones a la pantalla para que muestre lo que el usuario está buscando e interactúe con los botones de enlace.

Lo ideal es conseguir una fusión de los dos, lo cual es muy difícil, a menos que contrates una agencia que por lo general puede ofrecer ambos servicios pero que disparará tus costos de producción. Aunque descartar a alguno de los dos en el proceso no es una tarea fácil, sobre todo en la creación de sitios web de venta de productos, si lo debes hacer, te recomiendo trabajar con un programador.

Puedes usar profesionales que ofrecen sus servicios *freelance* en sitios como es.elance.com y www.Odesk.com. La ventaja que tiene este tipo de servicios es que puedes publicar tu aviso gratis solicitando cotizaciones a tu proyecto y escoger el precio que más te convenga entre las diferentes ofertas.

Si definitivamente has decidido dejar el diseño de tu sitio web en manos de un profesional, ten en cuenta los siguientes aspectos:

➤ **Agencia o *freelancer*:** Puedes contratar una agencia o un *freelancer*, un profesional independiente que trabaja por contrato. Sin embargo, ten en cuenta que cuando la agencia tiende a ofrecerte un servicio mucho más completo en el cual no te tienes que preocupar por minucias, el costo tiende a ser más alto. El *freelancer*, por su parte, es un poco más limitado en sus recursos, pero también es mucho más económico. La clave está en conseguir un buen *freelancer* si el presupuesto es una limitante.

➤ **Estilo:** El estilo de la agencia o *freelancer* es muy importante. Por ejemplo, hay profesionales que se especializan en una industria específica como diseñar sitios web para abogados. Este tipo de *freelancer* o agencia no funcionará para ti si tu sitio web se especializará en la venta de productos.

➤ **Portafolio:** El portafolio recopila ejemplos de trabajos realizados en el pasado de la agencia o *freelancer*. Asegúrate de que el portafolio de tu diseñador o programador tenga trabajos relacionados con la naturaleza de tu sitio. Pide referencias, teléfonos para contactar clientes de esa firma o persona. Asegúrate de que esos sitios estén en realidad funcionando como sitios web, contacta a la compañía directamente y pregúntales por su experiencia con ese diseñador o programador.

➤ **Programador web vs. diseñador web:** Si el presupuesto es limitado, yo prefiero trabajar con un programador que tenga conocimientos de diseño. No es fácil de conseguir, pero hay sitios web donde puedes contratar *freelancers* dentro de tu presupuesto en cualquier lugar del mundo. Algunos de los que yo he usado son www.elance.com y Odesk.com.

➤ **Comunicación fácil:** Es muy importante poder articular tus ideas con alguien con quien te puedas comunicar sin malos entendidos que retrasen el proyecto. Un sitio web, por sencillo que sea, puede tomar un par de semanas o meses en finalizarse. Así que la comunicación es extremadamente importante.

➤ **Precio:** Cuando negocies el precio, asegúrate de tener al menos tres cotizaciones diferentes. No vas a querer ofrecer mucho o poco. No entregues todo el dinero de una vez. Fracciona el proyecto en etapas y estipula fechas de entrega y pagos por cada una de las etapas. Elance.com, por ejemplo, te da la opción de crear diferentes etapas del proyecto y puedes ir pagando de acuerdo a cómo te entreguen el trabajo.

➤ **Expectativas:** Ten claras tus expectativas acerca del tipo de trabajo que quieres recibir. Por ejemplo, tú puedes esperar que el programador web te entregue un sitio web listo para el lanzamiento o, con el fin de reducir costos, tú te puedes comprometer a insertar el contenido de cada página. Eso debes tenerlo muy claro de entrada.

➤ **Entrenamiento básico:** Asegúrate de que dentro del precio inicial esté incluido un entrenamiento de cómo puedes actualizar la página web tú mismo. Situaciones como estas pueden crear fricción y descontento, pero sobre todo retraso en el lanzamiento de tu negocio.

PASO #2:
DEFINE LA FACHADA DE TU SITIO WEB

Piensa en tu sitio web como una tienda física. Una vez que tengas el nombre y el lugar empezarás por trabajar en la fachada; después de todo, la fachada de la tienda atraerá visitas.

Recuerda que en una tienda física hay alguien que invita al cliente, lo guía en el proceso de compra, le muestra los productos, responde las preguntas de precio, pólizas de devolución, etc. En la tienda virtual ese alguien no está presente, así que la página debe estar diseñada de tal manera que el cliente pueda: entrar a la página, explorar los productos, conseguir las respuestas a sus preguntas, pagar fácilmente con la sensación de que está comprando en un sitio seguro. La seguridad en la web es algo que preocupa a todos pero especialmente a aquellos que no están familiarizados con tus productos o servicios.

Para definir la fachada de tu sitio web hay cuatro elementos cruciales que se deben tener en cuenta: que sea fácil de navegar, fácil de interactuar, fácil de comprar y que proyecte credibilidad.

1. FÁCIL DE NAVEGAR O USAR

Tal como cuando viajas de un punto A a un punto B y usas un mapa que te guía hasta llegar a tu destino final, así mismo tu sitio web debe estar diseñado de tal manera que lleve a tu cliente de la mano y le muestre tus productos, sus beneficios y lo guíe en el proceso final de la compra. Debe estar claramente establecido quién eres, qué ofreces, cómo pueden comprar tu producto o servicio y cómo lo pueden recibir.

Es muy importante que tu sitio cautive la atención de tu cliente en los primero treinta segundos. Si no lo logras, el cliente saldrá de la página y habrás perdido la oportunidad de cerrar la venta. Hay un libro muy útil que te ayudará mucho al momento de diseñar tu sitio: *No me hagas pensar* del autor Steve Krug. En su libro, Krug expone las soluciones a los problemas más comunes en el diseño de sitios web y pone énfasis en cómo abordar la idea de la fácil navegación de cada página usando el sentido común.

2. FÁCIL DE INTERACTUAR

La interacción de un sitio web se refiere a la manera en que las visitas o potenciales clientes interactúan con tu página. Algunos elementos importantes para hacer tu sitio interactivo y hacer que tus visitas vuelvan con más frecuencia son:

➤ **Captura de dirección de correo electrónico:** Capturar direcciones de correo electrónico de potenciales clientes es vital en cualquier negocio online para mantener la línea de comunicación directa y enviar material promocional de tu negocio que genere ventas. Esto lo puedes hacer, por ejemplo, al incluir la subscripción a tu boletín de ofertas y actualizaciones en tu sitio web.

➤ **Servicio de chat:** te permite comunicarte con tu cliente instantáneamente para responder sus preguntas. El servicio de chat no solo actúa como un vendedor virtual en tu tienda online sino que algunas veces es crucial para cerrar la venta. Muchos servicios de chat son gratuitos y otros tienen tarifas muy accesibles.

➤ **Crear un blog para hablar de tus productos o servicios:** El blog va a mantener a la visita o cliente actualizado sobre nuevos productos y servicios lo cual ayuda a tu cliente a tomar la decisión de compra.

➤ **Videos instructivos:** Videos instructivos de cómo se usa el producto o simplemente información acerca de tu empresa. Permitir comentarios en tus videos también es una forma de facilitar la interacción con tus potenciales clientes.

➤ **Concursos:** Rifa algo que permita que tus visitas te provean de un correo electrónico. ¿A quién no le gusta ganarse algo? Esta es una buena manera de hacer que la visita se mantenga conectada con tu producto o servicio.

➤ **Formulario de contacto:** El formulario de contacto es una de las herramientas más usadas por clientes que quieren más información acerca de tu negocio; úsala. Además del formulario de contacto existe el formulario para enviar testimonios. Crea una página que les indique a tus clientes el formato para enviar sus testimonios. Los testimonios son una herramienta importante para generar credibilidad.

3. FÁCIL DE COMPRAR

No hay nada más frustrante que querer hacer un pedido y no encontrar el botón de compra. El botón de compra debe ser visible y debe estar situado en la parte superior derecha de tu sitio web o al lado o debajo de cada producto. Si lo que ofreces es un servicio, entonces el botón de "cotización" debe ser prominente.

El poder del botón de compra

Cuando creamos mi sitio web, creamos un botón de compra prominente en la primera página de tal manera que desde cualquier página del sitio el cliente pudiera comprar el producto con solo hacer clic en el botón de compra. Por error, el botón de compra fue enlazado con la página que describía el producto y no la página que permitía iniciar la compra del producto. Después de lanzar la página y no recibir ninguna venta la primera semana, nos dimos cuenta del error.

El carrito de compras que escojas debe ser robusto y facilitar la tarea de comprar en el menor tiempo posible. Si el carro de compras no funciona perfectamente, no solo habrás perdido una venta sino que habrás ganado un cliente frustrado. Más adelante hablaremos de las mejores opciones en términos de los carritos de compras.

4. TENER CREDIBILIDAD

Has trabajado duro para crear tu sitio web, ahora asegúrate de que tus clientes o visitas crean y confíen en tu negocio online como para interactuar y comprar en él.

Trata de responder las siguientes preguntas, algunas de las cuales tus clientes se puedan hacer al momento de comprar:

¿Qué tanto conozco la entidad detrás de este sitio?

La página de "Sobre nosotros", conocida en inglés como "About us", debe contar la historia de la empresa y de quiénes están detrás de ella. También debe incluir la reputación de los dueños de la página en lo posible, los valores y la misión de la empresa.

¿Este sitio tiene enlaces externos que son confiables?

Como dice el dicho: "Dime con quién andas y te diré quién eres". Este es el propósito de los llamados *backlinks* en inglés, que no son más que enlaces originados desde otros sitios a tu página o viceversa.

Evita promover enlaces desde tu página o de otras páginas a tu sitio, de compañías con mala reputación. Por ejemplo, www.domain-pop .com es un sitio web que te permite ver los enlaces de tu empresa y los de tus competidores.

¿Cómo garantizan que son una compañía confiable?

Asegúrate de desplegar el sello del certificado de seguridad (SSL) en tu página principal. De igual manera, revisa que el sitio despliegue https en el URL, y no http cuando el cliente ingresa sus datos personales y financieros en el carrito de compras. Https indica que esta parte del proceso de compra está debidamente protegido y no será vulnerable al robo de información en la web.

PASO #3:
CREA LA ARQUITECTURA Y EL DISEÑO DE TU SITIO

La arquitectura de la información es la forma en que se estructura y se organiza un sitio web. Esta y el diseño de tu sitio son dos puntos clave para el desarrollo de tu sitio web. Organizar y diseñar las páginas de tu sitio incluye armar el mapa del contenido del sitio, el diagrama o *wireframe*, elegir la paleta de colores y hacer un *brief* creativo.

1. MAPA DEL CONTENIDO

La arquitectura de tu sitio es el esqueleto, es decir, la ubicación estratégica del menú, los productos, la información, las imágenes y los enlaces. Con lápiz y una hoja de papel puedes hacer el mapa de tu sitio. En caso de que uses los servicios de un diseñador o programador lo más probable es que ellos te ofrezcan borradores o *sketches* de este mapa.

El diseño, la navegación y el contenido deben trabajar juntos para permitirle al usuario encontrar la información que busca y completar la tarea que tú quieres que haga fácil y rápidamente.

Si quieres ahorrar dinero, recuerda que escatimar en la producción de la página web no es una buena idea. Aprendí esta lección después de mucha frustración y pagué un buen precio por ello. El primer sitio web de mi negocio era muy sencillo y ocasionalmente tenía errores, sobre todo en el procesamiento de los pedidos. Eso me forzó a transferirlo a otro programa que parecía robusto pero al final fue más vulnerable. Después de dos ataques de virus a la plataforma y de no recibir ventas por más de quince días, aprendí que si quería ser exitosa en mi negocio online tenía que crear mi página en una plataforma más fuerte que no me expusiera a los riesgos de quedar fuera de servicio.

TALLER #3:
ARMA EL MAPA DE TU SITIO WEB

Toma papel y lápiz y empieza a hacer el mapa de tu sitio. Empecemos por la página de inicio. Piensa en la página de inicio como si fuera la vitrina de tu tienda física. De tu página de inicio dependerá que tu visita se convierta en cliente. Las secciones que debes incluir son, por ejemplo:

> ➤ Inicio
> ➤ Quiénes somos
> ➤ Blog
> ➤ Servicios
> ➤ Preguntas frecuentes
> ➤ Contáctenos
> ➤ Testimonios

Como ejemplo, vamos a usar el mapa del sitio web de Antonio José, quien tiene una empresa de reparaciones en la construcción y quiere montar su negocio online para atraer más clientes. Antonio José deberá empezar a hacer el mapa de su sitio de la siguiente manera:

EJEMPLO MAPA DE UNA PÁGINA WEB

Inicio

Servicios
- Remodelación
- Cocina
- Baños
- Instalación de pisos

Quiénes somos
- ¿Quiénes somos?
- Portafolio
- Testimonios

Contáctenos
- Dirección, teléfono, email
- Solicitud de cotización de servicios
- Preguntas

Mapa
- Enlaza con todas las páginas

Una vez que tenemos identificadas las secciones del sitio web, procedemos a organizar la información dentro de la página a través del *wireframe*.

2. *WIREFRAME*

El *wireframe* es la guía visual del esqueleto de la página donde ubicas estratégicamente los elementos que componen el sitio tales como la navegación, el texto y las imágenes, y donde estableces cómo interactúan juntos dentro del sitio. Hay muchos programas que facilitan la labor de elaborar el *wireframe*. Sin embargo, lápiz y papel son suficientes, especialmente si no tienes tiempo para aprender a manejar un programa especial. Puedes buscar sitios web en tu industria en los motores de búsqueda y así tener una idea de los elementos más comúnmente utilizados.

Recuerda, este no es el momento de escoger el color o las gráficas. Muy probablemente lucirá como conjuntos de casillas, dentro de otras casillas más grandes. No hay problema, el *wireframe* es un borrador y como tal no necesita lucir bonito; su propósito es simplemente señalar dónde va cada elemento

Si te animas y quieres probar con un programa gratis para hacer *wireframes*, a lo mejor podrás usar la siguiente página www.gliffy.com. En la siguiente gráfica podrás ver un ejemplo de un *wireframe*.

EJEMPLO DE WIREFRAME

Logo

Navegación

Slogan

Contenido

Pie de Página / Legal

Elaborar tu *wireframe* tiene numerosas ventajas, entre ellas:

➤ Establecer la orientación, es decir, la navegación principal del sitio, ya sea horizontal o vertical.

➤ Ubicar los botones de llamado de atención como, por ejemplo: ¡Compra hoy!, ¡Regístrate hoy!, ¡Llámanos hoy!, etc. Los botones de llamado de atención crean un sentido de urgencia e invitan a una acción pronta.

➤ Crear el registro a tu *newsletter*. Es importante capturar el correo electrónico de las personas que visitan tu página, así puedes enviar información periódica acerca de productos u ofertas y mantener la línea de comunicación abierta.

➤ Seleccionar los enlaces en la navegación del pie de página o *footer* ayuda mucho para encontrar enlaces rápidos que ofrecen información valiosa.

➤ Si eres una compañía nueva, asegúrate de que tus logos de seguridad aparezcan en la página de inicio, así como también los métodos de pago.

➤ Sé muy generoso con los espacios en blanco. Los espacios en blanco usados efectivamente ayudan a descansar la vista volviendo la navegación en tu sitio más placentera.

3. PALETA DE COLORES, TIPO DE LETRA Y OTROS ELEMENTOS DE DISEÑO

Una vez que tienes listo el borrador de la distribución del espacio de tu página de inicio procedemos a entrar en otros detalles: la paleta de colores, el tipo de letra y demás elementos apropiados para el diseño.

Paleta de colores

Los colores que escojas para tu sitio web deberán ir acordes a la edad y género de tu audiencia. Los colores producen diferentes reacciones de acuerdo a la edad. Por ejemplo, las personas jóvenes preferirán los colores brillantes mientras que las personas de edad madura preferirán colores más sobrios que permitan descansar la vista. En el caso de www .AARP.org cuya audiencia es, por lo general, gente mayor, la gama de colores es muy diferente a la de la página www.oldnavy.com, la cual tiende a usar colores fuertes. Ayuda mucho conocer la influencia que tiene la gama de colores en tu audiencia, como podrás ver en el siguiente recuadro.

PALETA DE COLORES Y SU SIGNIFICADO

Rojo	Energía, pasión, excitación, poder, agresión, peligro.
Azul	Tranquilidad, espiritualidad, libertad, paciencia, lealtad, paz, credibilidad. Puede también implicar tristeza o depresión.
Amarillo	Luz, optimismo, felicidad, brillo, gozo.
Verde	Vida, naturaleza, sensación de paz, salud, riqueza, prosperidad.
Naranja	Amistad, calidez, accesibilidad, energía, motivación.
Violeta	Sabiduría, sofisticación, celebración.
Blanco	Pureza, limpieza, juventud, frescura, paz.
Negro	Poder, elegancia, misterio.
Gris	Seguridad, madurez, confiabilidad.
Rosa	Romanticismo, femineidad.
Marrón	Comodidad, consistencia, estabilidad, credibilidad.

Tipografía

La letra debe ser legible para que el usuario profundice en el contenido de tu sitio web. La regla es un máximo de tres o cuatro tipos de letra en una misma página. El tamaño y el estilo son elementos clave:

➤ **Tamaño:** Al igual que el color, el tamaño de letra que vas a usar depende de la edad de la audiencia. Por ejemplo, si el sitio web es dirigido a personas de mayor edad, una letra pequeña de menos de 12 puntos no es conveniente porque será más difícil de leer.

➤ **Estilo:** Además del tamaño, el estilo de la letra aumentará la probabilidad de que el usuario pueda leer más contenido en tu sitio. Preferirás letras llamadas *sans-serif* sobre aquellas llamadas *serif* en el contenido de tu página.

ESTILO DE LETRA PARA UN SITIO WEB

Letra sans-serif: Este es el tipo de letra más aconsejada para usar en la web. *Sans-serif* son aquellas letras que no tienen adornos o ganchos que se conocen como "*serif*". Esta tipografía es mucho más fácil de leer en la pantalla de tu computadora.
Ejemplos:

Verdana

Arial

Trebuchet

Lucida Sans

Letra serif: La letra *serif* es más usada en material impreso y se caracteriza por los adornos. En impresos este tipo de letra ayuda a diferenciar más claramente una letra de la otra.
Ejemplos:

Georgia

Garamond

Palatino

Times New Roman

---

4. *BRIEF* CREATIVO

La manera más efectiva de ilustrar y comunicar exactamente cómo quieres que luzca tu sitio web es a través del *brief* creativo o *creative brief*, como se lo conoce en inglés. Como guía personal o guía para tu profesional del diseño, el *brief* creativo le puede dar una idea clara de lo que tú quieres con exactitud.

BRIEF CREATIVO DEL NEGOCIO ONLINE DE JOSÉ ANTONIO

Nombre del proyecto	Josereparaciones.com
Preparado por	José Antonio (incluye dirección, teléfonos, correo electrónico, fax etc.).
Qué hace tu compañía, tiempo en el mercado, etc.	Este es un sitio web que busca promover los servicios de reparación y renovaciones de casas en el área de Nueva York y brindar a los usuarios la oportunidad de contactar a José Antonio y contratar sus servicios.
Objetivo	El objetivo del sitio web es la acción que quieres que realice quien visita tu página. En este caso: Solicitar una cotización; Llamar por teléfono.
A quién va dirigido	Es muy importante detallar no solo la edad y el género de tu audiencia sino también la ubicación geográfica y sus preferencias. Por ejemplo, este sitio va dirigido a amas de casa que quieran hacer renovaciones de cocina, baño, etc. Personas de entre treinta y sesenta años localizadas en el área de Nueva York cuya preferencia sean las cocinas de mármol o granito, etc., y que sus ingresos familiares sean de $50.000 o más. Cuanto más exacta sea la descripción de tu audiencia, mejores serán los resultados.
Qué es lo mas importante que quieres comunicar	Es una frase corta que convencerá al cliente de completar la acción que queremos que haga: "La calidad de servicio y la puntualidad de entrega son nuestro sello de confianza".
Por qué debe creernos el usuario	Razones por las cuales quien visita tu sitio preferirá tus servicios al de otros proveedores. 1. Más de diez años de experiencia sirviendo a la comunidad hispana de Nueva York. 2. Cientos de clientes satisfechos. 3. Licencia aprobada por el estado de Nueva York. 4. Referencias y testimonios de clientes satisfechos. 5. Precios competitivos. 6. Garantía de entrega de trabajos a tiempo.
Fecha tentativa de entrega	Fecha de diseño de prueba: _____ Fecha de aprobación: _____ Fecha de entrega: _____ Fecha de revisión: _____ Fecha de test: _____ Fecha de entrega final: _____

El *brief* creativo no tiene que ser extenso ni debe intimidarte. Pero debe proveer suficiente información al diseñador o programador como para desarrollar el concepto. Con la ayuda de los motores de búsqueda puedes conseguir ejemplos de *briefs* creativos que se ajusten a tu industria. En la página anterior te presentamos un ejemplo de un *brief* que puedes usar para diseñar tu sitio o para cualquier material de publicidad que quieras desarrollar, usando el caso de José Antonio como ejemplo.

PASO #4:
CREA EL CONTENIDO

Una vez que tenemos el esqueleto de la página y los elementos que la componen, así como el diseño, procedemos a rellenar con el contenido.

Tal vez uno de los temas que más preocupa a muchos es cómo actualizar el contenido de un sitio web. Has visto por ejemplo que hay sitios web que no han sido actualizados por años porque quien diseñó el sitio no tiene tiempo de actualizarlo, no tiene acceso o simplemente no sabe cómo hacerlo.

En el pasado cuando se elaboraban páginas estáticas en códigos de HTML, quien actualizara el contenido debía tener conocimientos de códigos de programación. Eso ya es cosa del pasado. Aunque aún hay quienes prefieren dejarle el trabajo a un experto, este es un trabajo que puedes hacer tú mismo a través de plataformas que hacen el trabajo mucho más fácil y menos costoso. Estas plataformas a las que me refiero se llaman Sistemas de Gestión de Contenidos, que en inglés se las conoce como CMS (Content Management System).

¿Qué es un CMS?

Un CMS es una aplicación que permite que, sin conocimiento de programación, los usuarios puedan actualizar, editar y publicar contenido en su sitio web. Esto, sin duda, facilita el manejo de tu página y reduce los costos de actualización ya que tú mismo puedes hacer los cambios. Aunque los sistemas de gestión de contenido facilitan la labor de actualización del sitio web, recuerda que vas a necesitar la ayuda de un experto en la plataforma de gestión de contenidos que escojas para que haga las labores de instalación e integración básicas iniciales tales como personalizar la página web, integrar el carrito de compras, etc. Una vez que la integración básica esté lista, la labor de actualización por tu propia cuenta es más fácil.

El sistema de gestión de contenido está compuesto de dos plantillas:

1. La plantilla que es tu sitio web y que interactúa directamente con el cliente o usuario, llamada también *Front-end*. En un sitio web este es el URL de tu negocio como por ejemplo www .tunombre.com.

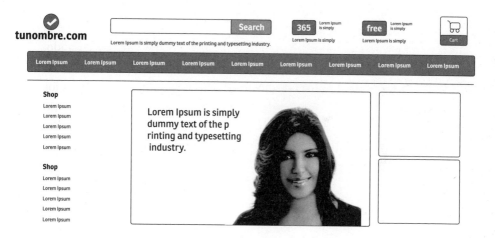

2. La plantilla administrativa que funciona como un sitio completamente independiente y que te permite hacer los cambios del contenido. A esto lo llamamos *Back-end*, pero también se lo conoce como página administrativa, *Admin site* en inglés, y su dirección por lo general está compuesta por el dominio y la palabra "admin", como por ejemplo www.naming.com/admin. Para acceder a esta página debes tener un nombre de usuario y una clave. Esta página desplegará una serie de funciones que te permitirán administrar tu sitio en diferentes áreas desde agregar páginas hasta crear cupones de descuentos.

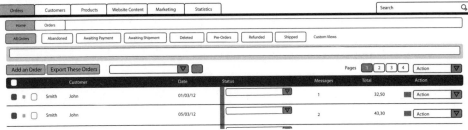

Con el sistema de gestión de contenidos puedes:

1. Escoger un formato modelo para diseñar tu sitio basado en tu idea de *wireframe.*

2. Ver y procesar pedidos.

3. Administrar tu lista de clientes.

4. Insertar y quitar textos.

5. Insertar y quitar imágenes.

6. Crear y publicar material publicitario como cupones de descuento.

7. Quitar o agregar productos y hacer otras modificaciones.

8. Crear y quitar nuevas páginas dentro de tu sitio.

9. Analizar comportamientos de compra de tus clientes.

10. Integrar aplicaciones a tu CMS para facilitar labores diarias.

11. Facilitar la optimización del sitio en los motores de búsqueda.

Hay dos tipos de sistemas de gestión de contenidos: el abierto y el comercial.

Sistema de gestión de contenidos abierto

Este sistema, también llamado *Open source* CMS en inglés, se ofrece de manera gratuita. Tiene sus ventajas pero también sus desventajas. Por ejemplo, es más flexible si quieres modificar los códigos pero no hay servicio al cliente disponible en caso de que necesites ayuda. Un ejemplo de *Open source* CMS son los programas que encuentras en sitios como www.Magento.com, www.Jomla.com, www.Wordpress.com o www.prestashop.com, entre otros.

Sistema de gestión de contenidos comercial

Estos son sistemas de gestión de contenido de carácter comercial los cuales requieren de una autorización o licencia para ser usados. Son plantillas que no permiten la flexibilidad que ofrecen las plantillas abiertas, pero que ofrecen servicio de soporte técnico y muchos ofrecen el servicio de *hosting*. El pago de licencia puede ser por cargos mensuales o anuales dependiendo de la compañía. Algunos ejemplos son: www.Volusion.com, www.Bigcommerce.com y www.magentogo.com.

Aunque muchas compañías que ofrecen el servicio de CMS comercial sugieren que la plantilla administrativa es tan fácil de usar que no necesitas a un programador para diseñar tu sitio, la realidad es que vas a necesitar a un programador para cualquiera de los dos tipos de CMS que escojas. En ambos programas vas a necesitar a un programador web que adapte el CMS a las preferencias de tu sitio así como para trabajar en la funcionalidad, los cambios técnicos y cualquier problema que surja en el sitio.

¿Cuál sistema de gestión es el mejor para mi negocio online?

Si tu sitio web vende productos, habrá algunos otros elementos que deberás tener en cuenta al momento de escoger tu CMS, como por ejemplo las facultades extendidas del carrito de compras para establecer diferentes cargos en los impuestos de las órdenes o las diferentes clases de métodos de envíos. Adicionalmente, debes asegurarte de cuál es el número límite de productos que ofrece tu plan, etc.

El principal objetivo de un CMS para uso comercial es generar tráfico y ventas. Por lo tanto un buen CMS debe ser fácil de usar, ofrecer capacidad de medir resultados, facilitar la búsqueda de la página por los motores de búsqueda y ser fácil de integrar con otros servicios como *Google Analitycs*. Los CMS difieren en precios pero para el uso en una página de ventas de productos podrías pagar unos $24.99 al mes incluyendo el servicio de *hosting*.

Tu lista de contenido

Volvamos al concepto de que tu negocio online por si solo debe funcionar como un vendedor en piloto automático. Debe ser capaz de ofrecer al cliente la información necesaria que le permita tomar la acción deseada por ti, ya sea la compra de tu producto, registrarse para tu *newsletter*, la solicitud de una cotización de servicios, la participación con su comentario en un blog, etc.

Basada en mi experiencia, a continuación encontrarás la lista de los elementos de contenido que ayudarán a cumplir tu objetivo.

ELEMENTOS DE CONTENIDOS MÁS POPULARES

Logo y eslogan: Se ubican en la parte superior izquierda de la página de inicio y sirven para identificar el sitio que se está visitando.

Inicio (*Home*): La página de inicio es la vitrina de tu sitio web y contendrá todos los enlaces que le permitirán al usuario explorar tu sitio en profundidad.

Servicios/productos (*Services/Products*): Este enlace estará ubicado en la barra de navegación y se refiere al tipo de servicios y productos que ofreces en tu negocio online. Si ofreces más de un servicio o producto, el enlace desplegará la lista de las categorías más importantes.

Preguntas frecuentes (*FAQ*): Este enlace va por lo general ubicado en la barra de navegación y se refiere a la lista de preguntas que el cliente podría hacer acerca de tus servicios o productos, como por ejemplo precio, sistemas de pago y envíos, póliza de rembolso, etc.

Testimonios (*Testimonials*): Este enlace iría en la barra de navegación y recopila todos los testimonios de tus clientes.

Contáctenos (*Contact us*): Este enlace va en la navegación principal. En la página de "Contáctenos" podrás usar una proforma de contacto y tu información de contacto, como dirección, teléfono y correo electrónico.

Prensa (*Press*): Este enlace puede ir en la barra de navegación y en la página interna harás una lista de información que ha sido presentada por los medios de comunicación. Si no tienes información relevante para esta página, puedes redactar comunicados de prensa. En la web puedes encontrar ejemplos que se ajusten a tu tipo de negocio.

Póliza de envíos y rembolsos (*Shipping and Returns*): Debería ir preferiblemente en la barra de navegación y va a explicar la póliza de envíos y las instrucciones para iniciar devoluciones.

Fotos antes y después (*Before and after pictures*): Si tu producto o servicio lo amerita, publica en tu página fotografías que ilustren los resultados generados por tu producto o servicios.

Videos: Ya sean videos de testimonios o videos demostrativos de tu producto o servicio, son altamente recomendados como parte del contenido

Banners: Los *banners* actúan como vallas publicitarias dentro de la página y anuncian una oferta o simplemente ilustran el producto o servicio ofrecido.

Captura de correo electrónico (*e-mail sign up box*): Debes ubicar la casilla de captura de correo electrónico en un lugar visible. Después de todo, a través de la captura de la dirección de correo electrónico de clientes y usuarios vas a poder comunicarte con ellos y ofrecerles otros productos o servicios.

La barra traductora de lenguaje de Google (*Google translate bar*): Si no tienes intenciones de tener versiones de tu sitio en inglés y español, puedes diseñar tu página en un solo idioma e instalar la barra de traducción de lenguaje de Google para que traduzca automáticamente el contenido del sitio web al idioma de la preferencia del usuario.

Opciones de pago (*Payment options*): Especialmente si tu página es nueva, es importante incorporar dentro de tu página los íconos de los métodos de pago que aceptas. Algunos ejemplos son: Visa, Mastercard, Discover, PayPal, *money order*, etc.

Certificados de Seguridad SSL (*SSL certificate*): Es muy importante hacer visibles los íconos de tu certificado de seguridad y demás servicios que proyecten credibilidad. Asegúrate de solicitar el código HTML de la compañía que emite el certificado SSL. Al insertar el código HTML, el ícono despliega la información de seguridad cuando el usuario hace clic en el ícono.

Navegación de pie de página (*Footer navigation***):** Esta es la navegación del pie de página que usualmente despliega enlaces de información adicional que pueden serle útiles al usuario.

Medios sociales (*Social Media***):** Desplegar los íconos de los portales de medios sociales es muy importante; te ayuda a hacer crecer la comunidad de tu página y a conseguir potenciales clientes.

Blog: A lo mejor no tienes tiempo al principio de mantener un blog informativo para tus clientes, pero es una excelente herramienta de *marketing* que debes considerar en el futuro.

Chat: El servicio de chat es de los elementos más importantes en un sitio web. El chat te permite interactuar con los usuarios de tu sitio y convertirlos en clientes. El servicio de chat solía ser muy costoso pero han emergido nuevas compañías que ofrecen el servicio a un bajo costo y en muchos casos hasta gratis.

Lista de teléfonos y correo electrónico: Para facilitar la comunicación entre el cliente y tu página, siempre despliega tus teléfonos y correo electrónico para que se puedan comunicar rápidamente.

Botones de llamados de atención (*Call to Action***):** Estos botones son colocados estratégicamente para invitar a una acción por parte del usuario. Por ejemplo, COMPRA HOY invita al cliente a iniciar la transacción. Puedes también ubicar en la parte superior derecha: "Registra tu correo electrónico", "¡Llámanos!", etc.

Una vez que decidas qué elementos de la página son aplicables a tu modelo de negocio, empezarás a organizarlos en tu *wireframe*.

Los CMS ofrecen formatos prefabricados que te pueden ahorrar tiempo al momento de distribuir el contenido de tu sitio web. Si escribir textos descriptivos en tu sitio web no es tu fuerte, contrata a alguien que te redacte o traduzca los textos. Aprovecha el banco de *freelancers* de www.elance.com y www.Odesk.com para conseguir a la persona adecuada.

Por último, una vez que tu página esté lista para el lanzamiento, el último paso es hacer un test de todos los enlaces en tu sitio web y hacer pedidos de prueba para asegurarte de que el carrito de compras ha sido bien instalado. No hay nada más frustrante para tu usuario que hacer clic en enlaces que no funcionan o comprar en un carrito de compras mal instalado.

PARA RECORDAR

El diseño de tu página web es tan importante como planear tu negocio. De ello depende si puedes convertir las visitas en clientes.

Debes tener en cuenta los cuatro principios básicos de un buen sitio web:

(a) Fácil de navegar o usar.

(b) Fácil de interactuar.

(c) Fácil de comprar.

(d) Tener credibilidad.

Establece de antemano quién diseñará tu sitio y, en lo posible, déjalo en manos de un profesional. Asegúrate de entender el proceso de diseño de la página incluyendo la elaboración del *brief* creativo, el mapa de tu sitio, el *wireframe* y la selección del CMS que mejor se ajuste a tu tipo de negocio.

Una vez que tu sitio esté al aire, haz tantas pruebas como sea posible para estar seguro de que todo está funcionando de la manera correcta.

SEGUNDA PARTE

Ya tengo mi página, ¿y ahora qué?

5

Conseguir y retener clientes

"La función de la empresa es crear clientes".
—PETER DRUCKER

TÁCTICAS PARA CONSEGUIR CLIENTES

No importa lo buena que sea tu idea de negocio, el tiempo y dinero que hayas invertido preparándolo o lo bien que luzca tu sitio web. Si no consigues un flujo de clientes, tu negocio no despegará. De ahí que conseguir y mantener clientes es crucial para darle vida y crecimiento a tu negocio.

En el Capítulo 2 ya establecimos los modelos de negocio así que ya tendrás una idea clara de lo que tienes en mente promocionar o vender. Ya sea que tu idea de negocio sea la venta de un producto o la promoción de un servicio, tu objetivo será atraer visitas para convertirlas en clientes.

Ponte en los zapatos del cliente

Tu estrategia de *marketing* debe girar alrededor de lo que el cliente quiere, necesita y espera del servicio o producto que adquiere. Un cliente satisfecho no solo seguirá comprando tu producto o servicio sino que traerá otros a tu negocio contribuyendo al crecimiento del mismo.

Establece claramente el perfil del cliente al que quieres llegar con características específicas como edad, género, ubicación geográfica, status económico, estilo de vida, etc. Entre más específico seas al identificar a tus potenciales clientes, menos dificultades tendrás al momento de implementar tus estrategias de *marketing*. Por ejemplo, si volvemos al caso de la empresa de reparaciones de José Antonio, la audiencia de su negocio podría ser dueños de casas o apartamentos, localizados a no más de treinta millas a la redonda de Nueva York, principalmente de género femenino, con ingresos en los $50.000 al año, y que disfruten compartir y celebrar con amigos en casa.

Una vez que tengas definido el perfil de tus potenciales clientes, te lanzarás al proceso de búsqueda de ellos. Tu objetivo será conseguir nuevos clientes, pero también retener el mayor número de ellos y hacer que ese cliente satisfecho te refiera a otros clientes.

Explora distintas estrategias de *marketing*

Existen muchas estrategias para adquirir clientes. Tú mismo podrías buscar información sobre ellas en libros, en internet, etc. En general, estas estrategias se basan en la misma teoría independientemente de si se trata de negocios tradicionales o negocios online. Sin embargo, hay ciertas estrategias propias solamente de los negocios online y es necesario que aprendas sobre ellas para que puedas determinar cuáles son las más convenientes para tu negocio. Mi consejo es que empieces por las estrategias más sencillas y poco a poco implementes las más complejas. No te abrumes, no tienes que usar todas las estrategias de *marketing* online, puedes ir implementándolas y probándolas poco a poco para quedarte sólo con las más efectivas.

Recuerdo que cuando lancé mi propio sitio web hace más de cuatro años, lo primero que hice fue subscribirme a muchas compañías de servicios de información de *marketing* gratuitos como www.search marketingwatch.com y www.clickz.com, entre otras. Aunque me fueron de mucha ayuda, también debo admitir que me sentía un poco abrumada por el bombardeo de información y el poco tiempo que tenía para digerirla. No te desesperes o desanimes, date la oportunidad de aprender y experimentar diferentes ideas hasta que encuentres las que den mejores resultados. Ahora, ten presente que algunas de las ideas sugeridas en este libro deberán ser implementadas con la ayuda de alguien con experiencia; otras las puedes empezar a explorar e implementar tú mismo. Todo depende de tu tiempo, conocimiento y presupuesto. Puedes usar, como lo indicamos en los capítulos anteriores, sitios como www.elance.com, www.odesk.com o inclusive www.Craigslist.com para conseguir personas talentosas que ofrezcan servicios dentro de tu presupuesto.

A continuación detallaremos algunas estrategias que te permitirán incrementar el flujo de clientes de tu negocio online. Muchas de ellas son gratis, otras requerirán de un experto que te ayude, y por otras tendrás que pagar cuando el presupuesto lo permita. La siguiente lista te dará una idea acerca de cada una de ellas.

ESTRATEGIAS DE ADQUISICIÓN DE CLIENTES

Estrategia de motores de búsqueda (*Search Engine Marketing*)

Estrategia de contenido de *marketing* (*Content Marketing*)

Estrategia de administración de enlaces (*Linking Strategy*)

Estrategia por correo electrónico (*E-mail Marketing*)

Estrategia de publicidad pagada (PPC, *Affiliate Marketing*)

Estrategia de medios tradicionales de publicidad (offline)

Estrategia de redes sociales (*social media*, blog, Twitter, YouTube)

ESTRATEGIA DE *MARKETING* BASADA EN LOS MOTORES DE BÚSQUEDA

¿Que son los motores de búsqueda?

Los motores de búsqueda son programas que rastrean sitios web para identificar el contenido de sus páginas. De esa manera, cuando un usuario busca información usando palabras o términos clave, los motores de búsqueda presentan una lista de todas las páginas de los sitios web cuyos contenidos están asociados a esas palabras. Los motores de búsqueda más conocidos son www.google.com, www.yahoo.com y www.bing.com.

¿En qué consiste el *marketing* usando los motores de búsqueda?

Este tipo de *marketing* consiste en la promoción de sitios web incrementando su visibilidad en las páginas de resultados de los motores de búsqueda. Esta promoción se hace de dos maneras: a través de la optimización de contenido (SEO, *Search Engine Optimization*) y a través de publicidad pagada conocida como "pago por clic" (PPC). Veamos en detalle cada una de ellas.

Optimización de contenido (SEO)

Para entender en qué consiste la promoción de los sitios web a través de la optimización de contenido (SEO) es necesario introducir un término que sin duda se convertirá en el pan de cada día de tu negocio online: *keywords*.

Keywords, que se traduce como "palabras clave" en español, son los términos que las personas usan para encontrar una página web a través de los motores de búsqueda como Google, Yahoo, Bing o cualquier otro. Por ejemplo, imagina que deseas encontrar una tienda de gafas en Nueva Jersey. Para esto, vas a la página de Google y en la barra de búsqueda escribes "gafas, Fort Lee, nj", a lo que Google responde con un listado de aproximadamente 84.500 páginas web que están relacionadas con las palabras "gafas, Fort Lee, nj". Sin embargo, el listado proporcionado por Google no es al azar, sino que Google organiza las páginas en orden de relevancia dándole ante todo prioridad a la localización o zona geográfica (en el caso de nuestro ejemplo: Fort Lee, NJ). Luego presenta los sitios web que proveen mayor información en referencia a las palabras clave que escribiste en la barra de búsqueda. Como puedes ver en nuestro ejemplo, el sitio www.palaciodegafas.com, el cual vende gafas en el área de Fort Lee, NJ, aparece primero en la lista. ¿Por qué? Por dos razones.

Primero, porque la búsqueda se limita a una zona geográfica, en este caso Fort Lee, NJ, y este negocio tiene una tienda física en esta zona. Por lo tanto, Google reserva la parte superior de la página de búsqueda para los resultados locales. Segundo, porque este sitio web tiene la información más relevante asociada a los términos usados en la búsqueda. En la terminología de la web, esto significa que la página web www.palacio degafas.com ha sido optimizada para esas particulares palabras clave, *keywords*. Esto quiere decir que el Palacio de Gafas usa *keywords* en su contenido de manera más eficaz que su competencia, repetidamente a lo largo de todo su contenido.

Como has podido notar, el Palacio de Gafas no ha tenido que pagar para aparecer en la lista de resultados de Google. Todo lo que este negocio ha hecho es optimizar el contenido de su página web de acuerdo a ciertas palabras clave. Estos *keywords* usados en el contenido de la página, se conocen como **keywords orgánicos**. Por lo tanto, siempre que escuches hablar de, por ejemplo, contenido orgánico, búsqueda orgánica, resultados orgánicos, ya sabes que todos estos términos están relacionados con esos *keywords* que has optimizado muy bien en tu página web y por los cuales no pagas ni un centavo.

Por consiguiente, podemos decir que la optimización de contenido (SEO) está basada en la relevancia que los *keywords* tienen en el contenido de los sitios web. Ten en cuenta que esta relevancia depende no solo de escoger los *keywords* correctos sino también de la densidad y la ubicación dentro del contenido. *Densidad* se refiere al número de veces que se repite la palabra.

Seleccionar los *keywords* para optimizar tu contenido requiere de un análisis cuidadoso. Piensa en los términos más usados por tus potenciales clientes para buscar productos similares al tuyo, los *keywords* que usa tu competencia y, lo más importante, los términos que mejor describen tu producto. Puedes usar la herramienta "Google Keyword Tool" para conseguir los términos con mejor ranking.

Después de haber seleccionado los *keywords*, el siguiente paso es crear un contenido rico en términos clave, conocido en inglés como "*keyword density*". Aunque no hay una regla estricta, la densidad recomendada en una página es de entre el 2 y el 5%. Quiere decir que si tu página tiene 100 palabras, la palabra clave podría repetirse de 2 a 5 veces. Asegúrate de que la repetición de términos le de fluidez al texto.

No olvides que la ubicación de tus *keywords* dentro de la página también influye: inclúyelos en el URL o en el nombre de documentos y directorios, así como en los títulos y subtítulos de tu contenido.

Gráfica 5.1. Página de resultados de Google

El resultado orgánico por su naturaleza atrae más visitas y tiende a tener más credibilidad que los anuncios publicitarios. Lo ideal es aparecer en las primeras tres páginas del resultado orgánico para aumentar las chances de que tu negocio online sea visto y visitado. Como dijimos antes, este resultado orgánico es generado de manera gratuita y ocupa el mayor espacio en el cuerpo de la página de resultados (en este caso de Google).

VENTAJAS DE ENTENDER Y USAR EL CONTENIDO ORGÁNICO

1. Aumenta las chances de ser encontrado en la web más rápida y fácilmente.

2. Se consiguen clientes a un bajo costo.

3. Se eleva entre los usuarios el nivel de credibilidad del sitio web y del negocio.

4. El sitio web del negocio puede ser encontrado por el 90% de la población online que usa los motores de búsqueda para encontrar productos, servicios e información.

Publicidad pagada o pago por clic

La otra manera de aumentar la visibilidad de los sitios web es con publicidad pagada a través de los mismos motores de búsqueda. Esta publicidad también es conocida como "pago por clic", o PPC, el cual consiste en anuncios por los cuales las empresas o negocios tienen que pagar a las compañías de motores de búsqueda tales como Google, Yahoo o Bing. En este tipo de publicidad se paga por cada clic que el visitante hace sobre los anuncios. Los precios por clic varían y pueden valer desde $0.25 en adelante. Por lo general, estos anuncios publicitarios aparecen en la parte superior (en fondo amarillo o de otro color), otras veces a mano derecha o en la parte inferior de la página de resultados de los motores de búsqueda.

Retomando la misma gráfica 5.1, vemos a mano derecha la publicidad pagada bajo el título "Ads", que se traduce como "Anuncios" en español, que son los resultados de búsquedas basados en pagos por clic. En este modelo de publicidad las compañías pagan cada vez que el usuario hace clic en su anuncio. Las entidades compiten por las palabras o frases clave, apostando al precio más alto que garantice aparecer al principio de la lista. Así, www.cohensfashionoptical.com en nuestro ejemplo, aparece primero en la lista lo que significa que este negocio, por el término "eyeglasses, fort lee, nj" debe pagar entre 30 y 80 centavos de dólar cada vez que alguien hace clic en su anuncio.

Por consiguiente, en el caso de que treinta personas al día hagan clic en este anuncio de www.cohenfashionoptical.com, esta compañía le pagará a Google la suma de $9 por día (asumiendo un valor de 30 centavos por clic) independientemente de que el usuario compre o no. Aunque los anunciantes pueden poner un presupuesto límite diario, las campañas publicitarias de pago por clic se tornan costosas porque no garantizan que un clic resulte en una compra. Es por eso que te convendrá usar el contenido orgánico para promocionar tu negocio y capitalizar esta herramienta gratuita. Más adelante, en la sección de publicidad pagada, volveremos a retomar la estrategia de pago por clic.

Las desventajas de no usar los motores de búsqueda

Ahora que el concepto básico de cómo operan los motores de búsqueda está un poco más claro, puedes darte cuenta de las innumerables oportunidades que ofrece en cuanto a conseguir clientes. Desconocer esta herramienta poderosa es como caminar con los ojos vendados, como veremos que le pasó a Juan en su negocio de envío internacionales.

Desde hace muchos años acostumbro a enviar paquetes a Sudamérica para familiares y amigos, pero hace un tiempo la agencia de envíos más cercana estaba a más de veinte minutos de mi casa y el servicio de parqueadero era bastante difícil, así que la tarea se volvía toda una odisea. Finalmente decidí buscar en internet una agencia más cerca con la ayuda de los motores de búsqueda, pero no encontré ninguna.

Un día por casualidad vi el anuncio de la misma agencia de envíos que solía usar, en una zona a solo diez minutos de mi casa. No tuve tiempo de entrar al negocio así que decidí buscar nuevamente en internet. Esta vez usé el nombre del negocio y el código postal en mi búsqueda, pero tampoco encontré el sitio. Intrigada llamé a la agencia donde acostumbraba a ir y pregunté por la agencia más cercana pero ellos también me dijeron que la más cercana era la misma oficina a la que había ido siempre.

Volví a la misma área pero esta vez visité el negocio (el de Juan) y me encontré con la sorpresa de que, en efecto, esta oficina funcionaba en ese sitio hacía casi un año.

Le comenté a Juan, el dueño, mi odisea para encontrarlos y les recomendé registrar su tienda en www.google.com/places para promover el negocio localmente, y se mostró muy interesado pero un tanto confundido. Ha pasado más de un año desde que tuvimos esa conversación y hasta hace muy poco aún no podía encontrarlos por internet.

Simple: Juan desconoce los beneficios de publicitar su negocio localmente usando los motores de búsqueda y el no saber cómo hacerlo hace que muchos, como Juan, pierdan la oportunidad de usar herramientas gratuitas que pueden hacer una gran diferencia.

Para que la tarea no se te haga abrumadora, empieza con los siguientes pequeños pasos que te ayudarán a completar tus tareas de optimización de tu sitio web y aumentar las chances de visibilidad en los motores de búsqueda.

10 maneras de aumentar la visibilidad de tu sitio web usando los motores de búsqueda

Desde que empecé mi negocio online, la selección de *keywords*, así como la generación de contenido rico en palabras y términos clave, se han convertido en la estrategia de *marketing* más poderosa que cualquier negocio online puede poner en práctica. Los siguientes diez consejos son producto de la experiencia que he adquirido utilizando los motores de búsqueda como estrategia para atraer clientes a mi negocio:

1. Crea contenido rico en palabras clave (*keywords*)

Empieza por crear contenido rico en palabras clave en cada una de tus páginas para que los motores de búsqueda te posicionen primero en el contenido orgánico. Después de todo, con un presupuesto limitado esta es la mejor opción.

TALLER #4:
CREACIÓN DE CONTENIDO RICO EN PALABRAS CLAVE

Ármate de lápiz y papel y haz una lista de todas las palabras que usarías si quisieras buscar un producto o servicio como el tuyo en la web. Por ejemplo, si tu negocio online ofrece "servicios de limpieza y aseo", podrías usar palabras clave como:

➤ Aseo oficinas

➤ Aseo casas Nueva York

➤ Limpio casas

➤ Limpiamos apartamento

➤ Servicio aseo confiable, etc.

Luego, visita una de las herramientas disponibles para identificar tráfico generado por esas palabras clave como *Google keyword tracker*, la cual es gratis. Esta herramienta al mismo tiempo te sugiere una combinación de palabras que te pueden ser útiles. Por ejemplo:

Aseo oficinas + Nueva York.

A continuación, ordena las palabras o términos que hayan recibido el mayor número de visitas mensuales. Verás, por ejemplo, que el término "Aseo oficina" cuenta con dos mil búsquedas al mes, lo que indica que es un buen término para usar en el contenido de tu página. Escoge las primeras quince o treinta palabras que puedas usar sin desechar las restantes porque las vas a necesitar posteriormente para crear contenido adicional.

Una vez que tengas la lista, incorpora esas palabras en el contenido de tu página como corresponda. Busca repetir la palabra o términos clave tantas veces como sea posible sin que el texto suene redundante. Se estima que de unas cuatro a seis veces es un buen número.

2. Regístrate en el listado local de Google, Yahoo y Bing

De acuerdo a Google, el 97% de la búsqueda de negocios locales se hace online. Así que incrementa la visibilidad de tu tienda o negocio registrándolo en por lo menos estos tres motores de búsqueda que son los más populares y por supuesto gratuitos: www.google.com/places, local .yahoo.com, www.bing.com/businessportal.

3. Usa palabras clave en los títulos y subtítulos de tu página web

Una vez que hayas identificado las palabras clave, empieza a incorporarlas en los títulos y subtítulos de tu sitio, en de cinco a ocho palabras. No uses, en lo posible, enlaces o preposiciones, simplemente usa palabras clave. Veamos esto más claramente a través de un ejemplo. Como puedes notar en la gráfica 5.2, hice una búsqueda con los términos "notinews noticias en espanol". En el contenido orgánico aparecen las palabras clave de mi búsqueda "notinews" y "noticias", dentro de posibles sitios web.

Gráfica 5.2. Uso de palabras clave o *keywords*

notinews noticias en espanol

Search   About 84,000 results (0,33 seconds)

Web

Images

Maps

Videos

News

Shopping

More

Ad related to notinews noticias en español

Noticias del Mundo - Las ultimas y mejores Noticias
www.notinews.com
Enterate de todo en notinews.com

Autos
Top 10 carros, fotos, videos y mas.
Encontralo en notinews.com

Deportes
Encuentra toda la información
sobre tu deporte en notinews.com

Noticias
Encuentra las ultimas noticias
Aqui en notinews.com entra ahora!

Musica
Tu musica preferida se escucha
en notinews.com

Tip: **Search for English results only.** You can specify your search language in **Preferences**

Ultimas Noticias en Espanol, Articulos Hispanos y Latinos Notinews USA
noticias.notinews.com - Translate this page
Notinews Noticias te trae las ultimas noticias en fotos y videos en español de los
Estados Unidos, México, Latinoamérica y todo el mundo. Economía...

4. Crea *metatags* o etiquetas en HTML

Metatag es la descripción de un sitio web, invisible para el usuario pero visible para los motores de búsqueda. Mientras que el usuario puede ver un sitio web con texto e imágenes, los motores de búsqueda lo leerán como códigos en HTML. La descripción debe ser una frase corta con palabras clave que le permitan a los motores de búsqueda clasificar tu página en la categoría correspondiente aumentando así su ranking. El código de HTML se ubica debajo del título de la página.

¿Cómo puedo ver y saber dónde va el metatag?

Cuando visites una página web, ubica el cursor en cualquier área de la página, excepto las imágenes o fotos, y haz un clic derecho. Verás que se abre una ventana gris con muchas opciones entre ella una llamada *"View Source"*. Haciendo clic en *"View Source"* aparece algo como una larga lista de símbolos que parece incomprensible (a medida que te familiarices con la industria, entenderás cómo se escriben los códigos de HTML).

La gráfica 5.3 que sigue muestra precisamente un ejemplo de esta pantalla de símbolos que se despliega al hacer clic derecho sobre una página. Esta larga lista es lo que se conoce como código HTML.

Gráfica 5.3. Ejemplo de un código HTML

```
<!DOCTYPE html PUBLIC "//w3c//DTD XHTML 1.0 Transitional // EN " "http://www.w3.org/TR/xhtml1/DTD/xhtml1-transitional.dtd">
<html xmlns="http://www.w3.org/1999/xhtml" Lang="es-us" xml:lang="es:us">
<head>

    <meta http-equiv="Content-Type" content="text/html; charset=utf-8 />

<title> Ultimas Noticias en Español, Articulos Hispanos y latinos - Notinews USA </title>

    <meta name="description" content="Notinews Noticias te trae las ultimas noticias en fotos y videos en español de los Estados
unidos, Mexico, Latinoamerica y todo el mundo. Economía, politica, marcoviolencia, inmigración, negocios y mucho mas" />
    <meta name="keywords" content= "" />

        <meta name="expires" content="never" />
```

Esta es la manera en que los motores de búsqueda leen tu página. Aunque el texto de la página aparece en español, las etiquetas que indican la acción aparecen en inglés: *"name"*, *"description"*, *"content"*, etc.

Puedes notar que a mitad de la pantalla aparece "<title>" (título): "Ultimas Noticias en Español, Articulos Hispanos y Latinos - Notinews USA". Si te fijas, este es el mismo título del resultado de la búsqueda tal como lo puedes observar en la gráfica 5.4. Esta descripción que hicimos en el código HTML le indica a los motores de búsqueda cómo desplegar la información.

Gráfica 5.4. Ejemplo de un resultado de búsqueda

Ultimas Noticias en Espanol, Articulos Hispanos y Latinos Notinews USA
noticias.notinews.com - Translate this page
Notinews Noticias te trae las ultimas noticias en fotos y videos en español de los Estados Unidos, México, Latinoamérica y todo el mundo. Economía...

Estados Unidos
Ultimas noticias en español de interes para los hispanos...

México
Notinews noticias te trae las ultimas noticias en español de Mexico ....

5. Crea el mapa de tu sitio web

Así como necesitas un mapa para llegar a una dirección que visitas por primera vez, de la misma manera los motores de búsqueda necesitan un mapa para identificar y listar todas las páginas de tu sitio web. Puedes leer más al respecto visitando www.XMLsitemap.com donde puedes crear el mapa de tu sitio web.

6. Incluye palabras clave en los títulos y subtítulos de las páginas de tu sitio web

Los motores de búsqueda toman en especial consideración las palabras de los títulos y subtítulos de cualquiera de las páginas de tu sitio web.

7. Posiciona las palabras clave en el primer párrafo del contenido de tu página

Los motores de búsqueda esperan encontrar la información más importante en el primer párrafo del cuerpo del texto.

8. Ubica palabras clave en las imágenes y fotografías de tu sitio web

Así como usas palabras clave en el texto de tus páginas, de la misma manera las imágenes en tu sitio web deben ser optimizadas para aumentar su visibilidad en los motores de búsqueda.

Empieza por describir la imagen que presentas en la fotografía. Por ejemplo, si la imagen en tu página es la fotografía de un libro, puedes escribir como una descripción: "Libro tu negocio online.jpg". No cometas el error de nombrar tus imágenes como "23468.jpg" porque los motores de búsqueda no podrán reconocer la imagen, perdiendo la oportunidad de ganar mayor visibilidad. El título de la imagen será el título que aparecerá cuando el cursor se coloque encima de la imagen. Ten presente que los motores de búsqueda leen la información en forma de códigos, no como el usuario la ve en texto e imágenes. Esta será la forma en que los motores de búsqueda leerán la imagen:

```
<imgsrc = "nombredelaimagen.jpg" alt = " " title = "titulodelaimagen">
```

Por ejemplo:
```
<imgsrc = "libronegocioonline.jpg" alt = " " title = "librotunegocioonline">
```

9. Facilita la navegación de tu sitio web

Haz que la navegación de tu sitio web sea fácil para que los motores de búsqueda consigan las páginas clave. Evita lenguajes como *flash*, el cual puede ser atractivo, pero en ocasiones también puede ser molesto para el usuario y difícil de leer para los motores de búsqueda. El lenguaje *flash* es un lenguaje de multimedia que se usa para añadir animación, videos e interactividad a las páginas web y que generalmente es usado para sitios web de videojuegos o anuncios publicitarios.

Recuerdo que alguien me contactó una vez para preguntarme qué me parecía su sitio web. Lucía bastante atractivo, pero presentaba algunos inconvenientes. Primero, me tomó más de cinco minutos abrir la página, lo cual debería tomar segundos. Luego, la música de la página estaba extremadamente alta y, como si fuera poco, se paralizó en la mitad porque era un documento muy pesado. Estos son, por ejemplo, algunos de los inconvenientes que debes evitar si usas una plataforma en lenguaje *flash*.

10. Monitorea constantemente la página web

Revisa constantemente tu página web para seguir descubriendo nuevas palabras y términos clave con los que puedes seguir actualizando el contenido de la página y haciendo que los motores de búsqueda visiten tu página más frecuentemente.

Cada vez que actualizas las páginas de tu sitio web, los motores de búsqueda visitan tus páginas lo cual aumenta las chances de visibilidad. Piensa en darle visibilidad a tu negocio online de la misma manera en que le das o le darías visibilidad a tu tienda u oficina para mantener un buen flujo de clientes.

ESTRATEGIA DE CONTENIDO DE *MARKETING*

Ahora que ya sabes cómo encuentran y posicionan tu negocio online los motores de búsqueda para darle mayor visibilidad en la web, es hora de explorar la estrategia de contenido de *marketing*, la cual va de la mano con la estrategia de los motores de búsqueda. En esta sección aprenderás algunas tácticas para desarrollar contenido y lo que debes incluir en él para aumentar tus posibilidades de convertir tus visitas en clientes y lograr mejor ranking en los motores de búsqueda.

Una vez que los usuarios hayan llegado a tu página, es el contenido de la misma lo que marcará la diferencia para que estas personas se queden como simples visitas o se conviertan en clientes. Por esta razón, debes aprovechar al máximo esta oportunidad para ofrecerles a tus visitas información valiosa que las ayude a tomar la decisión de comprar o adquirir tus productos o servicios de manera más fácil y rápida.

Medios para crear contenido

El primer paso es desarrollar material informativo acerca de tu negocio online. A continuación te brindo algunas ideas de cómo crear contenido nuevo generado por ti mismo, por tus clientes o por tus visitas:

1. Habla sobre tu empresa

La sección de tu sitio web que describe lo que es y hace tu negocio es una de las mejores oportunidades que tienes para usar palabras clave que te posicionen entre los primeros en los resultados de los motores de búsqueda. Resalta los beneficios de tu producto o servicio, destaca tus esfuerzos por ofrecer el mejor servicio al cliente. A los clientes les gusta leer las historias de cómo se creó la empresa, qué inspiró este servicio o producto, etc. Saber quién está detrás de la organización crea una sensación de confianza que contribuye a la decisión de compra.

2. Preguntas frecuentes

Tal vez una de las secciones más visitadas es la página de "preguntas frecuentes". Esta sección responde a las preguntas más comunes que tus clientes tienen con respecto a tu producto o servicio: la manera de usar el producto, tarifas de envío, información sobre pólizas de devolución, etc. Es una excelente oportunidad para agregar y editar información que atraerá la atención no solo de los motores de búsqueda, sino también de tus clientes. Crea una lista de preguntas y respuestas la cual debes editar y actualizar a medida que interactúas con tus clientes.

3. Información de contacto

La página de "contacto" es el camino más corto para poner al cliente en comunicación directa contigo cuando necesita hacerte una pregunta que le está impidiendo tomar la decisión de usar tus servicios o comprar tus productos.

Asegúrate de que la página de contacto contenga todos los medios por los cuales tu cliente te puede contactar tales como teléfono, correo electrónico, servicio de chat, dirección de correo postal y en lo posible un formulario de contacto que le facilite la tarea.

Los sitios web que no despliegan la página de contacto de manera visible hacen que sus usuarios se irriten buscando esta sección y abandonen por completo el sitio web. Lo mismo ocurre cuando el contacto consta únicamente de una dirección de correo electrónico. Los seres humanos, en general, preferimos tener contacto directo con otros seres humanos, y además antes de comprar nos gusta cerciorarnos de que hay personas reales detrás de la empresa y no fantasmas que pueden estafarnos.

4. Comunicados de prensa

Tal vez el término "comunicado de prensa" sea algo nuevo para ti, pero te aseguro que es una herramienta fabulosa para aumentar la visibilidad entre los motores de búsqueda y entre los usuarios. Los comunicados de prensa son información generada por tu empresa anunciando o informando a tu audiencia acerca de un nuevo servicio, producto o novedad de tu firma. Los comunicados de prensa son enviados por redes de distribución que alimentan las fuentes de información de los medios de comunicación. Sirven dos propósitos:

➤ Informan a los medios de comunicación acerca de tu negocio online, lo cual te ayuda a difundir tu negocio a través de los medios.

➤ Incrementan la visibilidad en los motores de búsqueda enviando potenciales clientes a tu página web.

5. Página "Prensa"

A los potenciales clientes les gusta comprar productos populares y los medios de comunicación como la televisión, la radio y la prensa se constituyen en un vehículo fabuloso para atraer clientes a tu sitio. A través de los comunicados de prensa desarrollas información que no solo atrae a lo medios de comunicación sino que sirve de material informativo para tus clientes.

Busca en la web guías de cómo se pueden hacer comunicados de prensa. Algunos distribuidores de comunicados de prensa cobran caro, pero otros son totalmente gratis como es el caso de www.prlog.org.

6. Videos

Gracias a portales como YouTube, la labor de promocionar videos que atraigan visitas a nuestro sitio web se torna cada vez más útil. Los videos instructivos ayudan a incrementar tu visibilidad en los motores de búsqueda y son de gran ayuda para que tus clientes conozcan más acerca de los beneficios de tu empresa. Los videos de testimonios tienen un gran efecto en el proceso de toma de decisión.

7. Fotografías e imágenes

Para algunos negocios online que ofrecen productos, las fotografías se convierten en un elemento crucial para estimular la decisión de compra. En el caso de productos que prometen un cambio después de su uso, las fotografías de "antes y después" constituyen una herramienta de venta poderosa. Imágenes claras y fotografías de buena calidad, que muestren claramente los detalles del producto, hacen una gran diferencia a la hora de comprar un producto.

8. Testimonios

Este contenido es generado por tus clientes y es uno de los más fáciles de actualizar. Ofrece a tus clientes un incentivo para motivarlos a enviar testimonios de tus productos o servicios. Es una excelente fuente de información y fabulosa herramienta para convertir visitas en clientes. Lo mejor es que te permite actualizar contenido lo cual atrae a los motores de búsqueda. Siempre sé honesto con tus testimonios y mantén un registro de todos ellos.

9. Foros

Tal vez uno de los medios más efectivos para atraer clientes es a través de los comentarios que aparecen en foros o sitios web de alto tráfico y cuya información está relacionada con tu industria.

10. Sorteo o rifa

Anuncia la rifa de algo en tu sitio web. Pueden ser productos que vendes o que están relacionados con los servicios que ofreces. Solicita el correo electrónico de los usuarios para participar en el sorteo. La posibilidad de que los participantes estén interesados en los productos te permitirá acceder a su información de contacto y ofrecerles descuentos vía correo electrónico que los motive a comprar tus productos.

11. Artículos externos

Escribir y publicar artículos con contenido de interés sobre tu industria o nicho eleva el nivel de visibilidad, credibilidad y también genera tráfico para tu sitio web. Es una de las herramientas más subutilizadas porque demanda tiempo escribir los artículos, pero es sin duda una excelente oportunidad de crear contenido rico en palabras y términos clave. Hay portales de contenido donde puedes escribir artículos. Algunos de estos portales de contenido son:

enzinearticles.com

www.articlebase.com

www.wikihow.com/Main-Page

www.oneminuteu.com

ESTRATEGIA DE ADMINISTRACIÓN DE ENLACES

En general, la estrategia de enlaces se considera parte de la estrategia de optimización de un sitio en los motores de búsqueda, pero debido a su relevancia, he decidido hablar de los enlaces como una estrategia completamente independiente.

Para entender de qué se trata esta estrategia empecemos por definir lo que es un enlace. Un enlace, llamado *link* en inglés, en un sitio web es una imagen o texto que cuando se le hace clic, permite el acceso a otra página o documento. Por lo tanto, la estrategia de enlaces consiste en incrementar el número de enlaces que conecten con tu sitio web. La razón para hacer esto es que muchos motores de búsqueda, incluyendo Google, consideran que el número de enlaces está directamente relacionado con el nivel de relevancia del sitio web. Es por eso que te conviene adquirir el mayor número de enlaces de calidad que te permitan posicionarte en los primeros puestos de la lista en la página de resultados.

Tácticas para aumentar el número de enlaces

De acuerdo con mi propia experiencia, la estrategia de aumentar el número de enlaces de un sitio web cuyo objetivo es vender productos puede ser bastante abrumadora. No siempre que solicitas un enlace para una página de venta de productos este es otorgado. Pero no te desanimes. Mi recomendación es desarrollar esta estrategia poco a poco, empezando por lo más básico. A continuación te voy a presentar una lista de tácticas que puedes emplear para aumentar el número de enlaces de tu negocio online:

1. Intercambia enlaces con otros sitios web. Inicia una búsqueda en internet para identificar otros sitios web relacionados con tu industria y que estén altamente posicionados en las páginas de resultados de los motores de búsqueda. Solicita intercambiar enlaces con ellos. Lo puedes hacer vía correo electrónico o por vía telefónica si lo prefieres.

2. Subscribe el negocio a directorios relacionados con su industria. Hay directorios que ofrecen registrarse gratis como www.dmoz .com, freewebsubmission.com o www.easysubmits.com. Sin embargo, ten en cuenta que los directorios que cobran un pago por registrarse generalmente trabajan mejor. Si tu negocio es local con presencia online, crea un enlace desde el sitio de la cámara de comercio local. Adicionalmente, solicita enlaces de otros sitios web que no compitan con tus productos pero que tengan cierta afinidad con la naturaleza de tu producto o servicio.

3. Solicita enlaces de otros sitios web con alto tráfico. Con mucha frecuencia recibo solicitudes de intercambio de enlaces de otros sitios web. Usualmente investigo primero acerca del sitio web, especialmente acerca de su reputación. Luego, analizo la manera

en que podría ayudarme a incrementar la visibilidad de mi negocio.

4. Escribe artículos de distribución masiva. Escribe artículos de interés sobre la industria de tu negocio y luego distribúyelos a los editores de sitios web de contenido gratis los cuales publicarán el artículo en sus sitios web o lo reenviarán a sus lectores a través de correos electrónicos informativos. Solicita a su vez que al final del artículo incluyan el enlace de tu sitio web y la información de contacto. Esta herramienta es muy efectiva para generar tráfico.

ESTRATEGIA POR CORREO ELECTRÓNICO

La estrategia por correo electrónico, llamada *e-mail marketing* en inglés, consiste en comunicar un mensaje con fines comerciales a través de un correo electrónico enviado a potenciales o actuales clientes. Aunque es fácil imaginarse que estos mensajes promocionales siempre terminen en la carpeta de la basura, la realidad es que cuando el correo electrónico es enviado a la audiencia correcta se convierte en una gran arma para convertir visitas en clientes, activar clientes inactivos, incentivar a repetir la compra y sugerir a un amigo para que compre.

La estrategia de *e-mail marketing* se usa con dos propósitos:

➤ Como herramienta para adquirir nuevos clientes o convencer a un actual cliente de comprar algo inmediatamente.

➤ Para establecer y mejorar la línea de comunicación entre los actuales clientes y tu compañía para incrementar la lealtad e incentivar al cliente a repetir compras.

Aunque en general enviar correos electrónicos es una tarea que hacemos a diario, enviar mensajes con fines comerciales es una historia completamente diferente. Además de ser altamente regulado en los

Estados Unidos, si no se hace correctamente puede afectar la reputación y credibilidad de tu negocio.

Alguien me preguntó un día si podía enviarles correos electrónicos a sus potenciales clientes desde su cuenta de Yahoo. La respuesta es "no". Aunque técnicamente sí lo puedes hacer, tu proveedor de correo electrónico podría bloquear tu cuenta si sospecha que estás enviando información comercial a cientos de clientes al mismo tiempo. En la terminología de los correos electrónicos serás *blacklisted* o lo que en español sería "puesto en la lista negra", y tu cuenta de correo electrónico correrá el riesgo de ser cerrada. De allí la importancia de conocer acerca de los tipos de mensajes y su finalidad.

Tipos de correo electrónico y su finalidad

Hay tres tipos de correo electrónico y cada uno tiene su propio propósito:

➤ **Informativo (*newsletter*):** el correo electrónico informativo se envía a los clientes o suscritores de tu base de datos con el fin de mantenerlos informados sobre noticias o novedades relacionadas con el negocio o la industria, tales como cambios en las pólizas de la compañía, mejoramiento de los productos, nuevos productos y servicios, etc.

➤ **Transaccional:** estos son los correos electrónicos enviados a los clientes después de hacer una comprar en tu negocio online y está compuesto básicamente de información de confirmación del pedido, como por ejemplo, la referencia del pedido, información de *tracking*, etc.

➤ **Directo o comercial:** es el correo electrónico enviado por una compañía a la lista de suscriptores de su negocio con el fin de informarles acerca de una oferta o cualquier otra publicidad que incite a la compra de productos. A diferencia de los correos electrónicos transaccionales que son enviados a todos los clientes, los mensajes con fines comerciales e informativos deben ser enviados exclusivamente a los clientes que explícitamente han aceptado recibir este tipo de correos electrónicos. De hecho, enviar mensajes comerciales a las personas que han optado por no recibirlos, es considerado una violación a la norma anti-*spam*. Es por eso que contratar los servicios de una compañía especializada en el manejo de correos electrónicos, le permitirá a tu negocio cumplir con las normas de la ley y te pondrá en el camino indicado para desarrollar tu estrategia de *marketing* de manera exitosa.

Pasos para empezar una campaña de correo electrónico

Son cinco los pasos que debes poner en práctica para desarrollar una campaña de correo electrónico exitosa: adquirir un programa de administración de correo electrónico o contratar los servicios de una compañía especializada, crear y aumentar la base de datos de los clientes, segmentar a los clientes en grupos, diseñar el mensaje y conocer la ley anti-*spam*. A continuación explicaré cada uno de estos pasos.

1. Contratar los servicios o un *software* de administrador de correos electrónicos

Lo primero que debes hacer es crear una cuenta con una compañía proveedora de servicios de correos electrónicos comerciales. Hay muchísimas en el mercado, pero algunas de las más populares son ConstantContact, Mail Chimp, MadMimi e iContact, entre muchas otras.

Estas compañías te ofrecen formatos que hacen la tarea de crear correos electrónicos de imágenes y texto una fracción de minutos. Aunque difieren en precios y servicios, te recomiendo contratar una empresa que tenga un servicio al cliente accesible. Un ejemplo es ConstantContact, el cual tiene atención al cliente por teléfono lo cual es ventajoso para los principiantes porque pueden ser guiados paso a paso durante todo el proceso.

2. Crea la base de datos de clientes

Una vez que hayas seleccionado la compañía de servicios de correos electrónicos comerciales, debes proceder a crear la base de datos de tus clientes, es decir, almacenar un listado con la mayor cantidad de direcciones de correo electrónico posibles de aquellos clientes que han aceptado recibir información comercial de tu negocio. La recolección de correos electrónicos la puedes efectuar utilizando distintos medios: a través de la página web de tu negocio, de los mensajes que envíes y de las relaciones persona a persona.

Tácticas para crear la base de datos a través del sitio web del negocio

➤ **Barra de captura de correo electrónico:** Recolectar emails a través del sitio web se puede hacer desplegando la barra para capturar correos electrónicos. Esta barra consiste en un código HTML que es generado por el programa o compañía administradora de mensajes, el cual puedes insertar en tu sitio web. Una vez que el usuario escriba y envíe su dirección de correo electrónico, esta es guardada en una carpeta que posteriormente se usará para el envío de correos electrónicos comerciales. La barra para capturar correos electrónicos luce algo similar a la gráfica 5.5. Esta barra puede ser desplegada en las páginas o secciones más populares del sitio web de tu negocio.

Gráfica 5.5. Barra de captura de correos electrónicos

Join Our Newsletter

| Enter Your Email ID | Go |

Receive exclusive offers and updates
Privacy by ✓ Safesubscribe

➤ **Rifas o sorteos:** El lanzamiento de rifas o sorteos es otra táctica para capturar direcciones de correo electrónico ya que cuando una persona se subscribe al sorteo automáticamente acepta recibir mensajes promocionales. Siempre que uses esta táctica, debes asegurarte de informar al cliente que con la subscripción está aceptando el recibimiento de información comercial de tu negocio.

Tácticas para crear la base de datos a través de los mensajes que envíes:

➤ Envía mensajes con contenidos que realmente sean interesantes e importantes, y limita el número de estos correos electrónicos para no saturar a tus clientes.

➤ Pide a tus suscriptores que reciben tu *newsletter* que lo reenvíen a un amigo o lo compartan en su página de medios sociales como Facebook, Twitter u otros.

➤ Incluye el formulario que captura direcciones de correo electrónico en todos tus mensajes de confirmación de pedido, invitando a tu cliente a que se suscriba para recibir correos electrónicos promocionales.

Tácticas para crear la base de datos a través de las relaciones persona a persona

Recoje el mayor número de tarjetas posible y envía un correo electrónico solicitando permiso para enviar tus mensajes promocionales a quienes estén interesados en productos como el tuyo o a todos tus amigos para que ellos les reenvíen tus mensajes a otros amigos.

Aunque al principio la tarea te intimide tómate tu tiempo para familiarizarte con esta estrategia porque tiene muchas ventajas y vale la pena explorarla. Puedo decir que esta es la segunda estrategia más importante después de los motores de búsqueda. Tiene un alto retorno de inversión y además es fácil medir sus resultados.

Verás cómo después de poco tiempo tu base de datos empezará a crecer una vez que los clientes aumenten, más personas se suscriban a tus ofertas y crezcan tus relaciones persona a persona.

3. Segmenta tus clientes en grupos

Con el fin de hacer la labor de la estrategia por correo electrónico más efectiva, prevenir la cancelación de subscripciones, evitar denuncias de mensajes como *spam*, impedir que los mensajes terminen en el bote de la basura o que nunca califiquen para entrar en una bandeja de entrada, las compañías administradoras de correo electrónico sugieren agrupar o segmentar el listado de personas de la base de datos en ciertos grupos. De esta manera se envía un mensaje específico de acuerdo con las necesidades del cliente. Algunos criterios que se pueden usar para segmentar o agrupar la base de datos son:

- ➤ **Clientes:** Un grupo (segmento) debe estar compuesto solamente por clientes. Es decir, las personas que han comprado en tu negocio. A este grupo se le envía un correo electrónico pidiéndoles permiso para enviarles mensajes comerciales. Esto lo puedes hacer de dos maneras: una es insertando en tu carrito de compras la opción de aceptar correos electrónicos comerciales y la otra es enviándoles un correo electrónicos directamente solicitando dicho permiso.

- ➤ **Suscriptores:** Los suscriptores son aquellos que han expresado su deseo de recibir tus correos electrónicos comerciales. Pueden ser clientes o no. A este grupo debes enviarle ofertas y promociones diferentes a las del grupo de tus clientes.

- ➤ **Clientes segmentados por fecha de compra:** Es útil segmentar a los clientes por antigüedad porque esto te ayudará a identificar cuáles son los clientes recientes, los inactivos, los de siempre (los leales), etc. De esta manera puedes crear mensajes específicos para cada grupo.

➤ **Clientes derivados:** Crea un grupo aparte de las personas que han sido derivadas por amigos y conocidos. Diseña y envía un correo electrónico especial para solicitarles que acepten recibir tus mensajes promocionales.

La lista no se limita a estos grupos. Puedes crear tantos como consideres apropiado de acuerdo con la naturaleza y la intención del mensaje. Procura que cada persona de tu base de datos pertenezca a un solo grupo para evitar que la misma persona reciba varios mensajes promocionales a la vez. Esto no solamente logrará saturar y aburrir a las personas sino que también podría generar confusión sobre tu negocio.

Una vez que tengas organizada la base de datos, inicia el proceso de comunicarte con cada grupo. Si no sabes cómo diseñar ni redactar mensajes, contacta a la compañía administradora para que te guíe en el proceso.

4. Diseña y redacta los correos electrónicos

No basta con simplemente enviar mensajes; la parte sustancial está en lo que dices y en cómo lo dices. Así que debes interesarte por escribir mensajes amenos, claros y gramaticalmente correctos. Adicionalmente, ten cuidado con el tipo de formato que utilizas ya que esto es lo que va a garantizar que tu mensaje pueda ser visto y leído adecuadamente. Algunos aspectos que debes tener en cuenta para diseñar y redactar correos electrónicos comerciales son:

➤ Usa títulos cortos y llamativos que inviten a tu audiencia a abrir el correo electrónico. Evita palabras como "gratis" o signos de exclamación que puedan ser identificados como *spam*.

➤ Escribe claramente quién envía el correo electrónico. Por ejemplo, en vez de decir SamCompany, escribe "Sam Company Reparaciones".

➤ Crea un mensaje en el formato de HTML. Me imagino que a diario recibes mensajes comerciales con imágenes llamativas; esos son los mensajes en formato de HTML. Cerciórate de describir la oferta de las imágenes en texto. Algunos correos

electrónicos personales no despliegan imágenes automáticamente, así que es crucial describir la oferta o información en
forma de texto.

➤ Antes de enviar tu mensaje haz un test usando diferentes
proveedores de correo electrónico como Gmail, Yahoo, AOL,
Hotmail, entre otros. Crea una cuenta en cada uno de ellos y
envía el mensaje test a cada una de estas cuentas para ver cómo
despliegan la información.

➤ Usa un evaluador de *spam*. Muchos de los administradores de
servicios de correo electrónico han implementado el evaluador
de *spam* para alertar a sus clientes cuando el mensaje contiene
elementos que pueden ser considerados *spam*.

➤ No hagas uso excesivo de signos de exclamación, mayúsculas o
imágenes.

5. Conoce la ley anti-*spam*

En breve, la ley anti-*spam*, CAN_SPAM Act, de 2003 consiste en la
penalización por cada individuo que reciba un correo electrónico sin
solicitarlo o autorizarlo. La ley autoriza una penalidad de $16.000 por
violación, arriesgándote a entrar en la lista negra por violación de las
normas anti-*spam*.

¿Cómo asegurarte de no violar la ley anti-*spam*?

Para efectuar una correcta y segura estrategia de *marketing* por correo
electrónico sin correr el riesgo de violar la ley anti-*spam*, ten en cuenta
las siguientes sugerencias:

➤ Crea el hábito de limpiar y segmentar la lista de clientes. Por
ejemplo, crea diferentes tipos de mensajes para cada grupo de tu
base de datos.

➤ Redacta y envía correos electrónicos solicitando permiso para
enviar mensajes promocionales.

➤ Diseña correos electrónicos especiales para quienes se han suscripto a tu lista pero aún no han comprado en tu negocio.

➤ Escribe y envía mensajes exclusivos para clientes que han autorizado recibir correos electrónicos comerciales pero que no han hecho pedidos por más de seis meses o un año. Incluye la casilla de registro a tus mensajes promocionales en el formato de la compra.

➤ Incluye la dirección física de tu empresa.

➤ Inserta el enlace de cancelación de suscripción para que aquellos que no deseen recibir más mensajes promocionales de tu negocio te lo puedan informar haciendo tan solo un clic.

➤ Evita la compra de listas de correos electrónicos que no hayan sido previamente autorizadas para fines comerciales.

ESTRATEGIA DE PUBLICIDAD PAGADA

Ciertamente, implementar las estrategias de marketing explicadas anteriormente, aunque gratis, requiere de mucho tiempo para dar resultados y llegará el momento en que necesites acelerar el proceso de visibilidad de tu negocio online. Es a partir de este momento que la publicidad pagada entra a jugar un papel importante dentro del proceso. A continuación encontrarás algunos de los tipos de publicidad pagada que aplican para negocios online.

Pago por impresiones

El pago por impresiones se refiere al pago por el número de visitas que ven tu anuncio publicitario en forma de *banner* en una página web. Es medido por "costo por miles", es decir, por miles de personas que ven el anuncio. En inglés es conocido como CPM (*cost per mille (thousand)*). Aunque es importante que lo tengas como referencia, cuando empiezas tu negocio es un poco riesgoso usar este método por los altos costos que implica. La gráfica 5.6 muestra un ejemplo de un *banner* publicitario.

Grafica 5.6. Un *banner* publicitario

Pago por acción o *sale* (programa de afiliados)

Pago por acción o *sale* es también conocido como programa de afiliados. Este es el programa que paga comisiones a otros dueños de sitios web que aceptan publicar tus anuncios en sus sitios y cuyos enlaces le generan una venta a tu producto. El objetivo es incrementar el número de afiliados interesados en promover tus productos a través de *banners* o enlaces de texto en sus sitios a cambio del pago de una comisión cuando se genere una venta.

Para iniciar tu programa de afiliados debes establecer primero el monto de la comisión que deseas pagar por cada venta. Entre más alta sea la comisión, más atractivo será para tus afiliados. Luego debes seleccionar la compañía que administrará el programa de afiliados y registrarte. Hay muchas compañías a las cuales les debes pagar costos de registro como www.CJ.com, www.Shareasale.com y www.Linkshare .com, mientras que en otras puedes registrarte gratis, como por ejemplo www.affiliatefuture.com.

Una vez que te registras, la compañía administradora de afiliados genera un código de HTML que debes insertar en el código de tu página web para hacerles el seguimiento a las actividades de los sitios web de tus afiliados como, por ejemplo, cuando se origine una impresión, una venta etc. El programa de afiliados tiene muchas ventajas porque tus anuncios publicitarios aparecerán en cientos de sitios web, lo que constituye una excelente fuente de publicidad. Sin embargo, debes estar atento porque se presta para un alto índice de fraude, ya que cuando aceptas las solicitudes de tus afiliados de manera automática, te arriesgas a que personas inescrupulosas tengan acceso a tu programa y originen compras que pueden resultar en actividades fraudulentas. Si no tomas las medidas necesarias podrías terminar pagando comisiones ficticias, penalidades impuestas por las tarjetas de crédito debido a pagos no autorizados por los cuentahabientes, e inclusive se podría dañar la reputación del negocio. Te recomiendo, en lo posible, aceptar las solicitudes de tus afiliados de manera manual.

Pago por clic o costo por clic (PPC o CPC)

Si cuentas con el presupuesto o margen de ganancia suficiente puedes explorar el pago por clic, que puede ser una herramienta muy efectiva si se utiliza correctamente. Sin embargo, antes de utilizarla, debes aprender cómo funciona ya que podrías malgastar grandes sumas de dinero.

Como vimos anteriormente, en la sección de la estrategia de *marketing* basada en los motores de búsqueda, el pago o costo por clic ocurre cuando un usuario hace clic en un anuncio pautado en las páginas de los motores de búsqueda y este enlace lo envía al sitio web del anunciante; el anunciante deberá pagar el valor convenido por cada clic independientemente de que el usuario compre o no. Los motores de búsqueda como Google, Yahoo y Bing usan este modelo.

Los anuncios de pago por clic aparecen en la página de resultados de los motores de búsqueda ubicados típicamente arriba o al lado derecho de los resultados naturales u orgánicos. Este tipo de publicidad ofrece una ventaja dado que cada anuncio se asocia con palabras clave o *keywords* que el usuario usa para buscar productos como el tuyo. De esa manera cuando por ejemplo alguien busque "cremas antiarrugas", aparecerán todos los anuncios que incluyan estas palabras clave.

La gráfica 5.7 muestra un ejemplo de cómo aparecen este tipo de pautas en la página de resultados de Google. Podemos observar que todos los anuncios con fondo gris y los que aparecen a mano derecha de la página consisten en publicidad del tipo pago por clic.

Gráfica 5.7. Anuncios publicitarios de "pago por clic" en la página de Google

Ad related to crema antiarrugas

Crema Anti Arrugas / Facebook.com
www.facebook.com/cremajoven
Ve olay para ti para aprender cual rutina anti edad es mejor para ti

ArrugasNo - Transforme su piel en 30 días
www.arrugasnoya.com/
Resultados Garantizados. Pruébelo!

Ads - **Why these ads?**

Cremas Antiarrugas on eBay
www.ebay.com/
ebay.com is rated ★ ★ ★ ★ ★

Manchas faciales / NYC
www.drzizmormd.net/es/
Tratamiento para manchas faciales.
Consultar Dr. Perez

Images for crema antiarrugas – Report images

El posicionamiento de tu anuncio en la lista de resultados depende de tres cosas: el monto pagado por clic, la cantidad de clics que tenga tu aviso y la relevancia que tenga tu anuncio con respecto a las palabras clave utilizadas en la búsqueda.

Vale la pena aclarar que esta forma publicitaria es la última en la lista no por ser ineficaz sino porque se torna un poco más costosa. Es necesario profundizar más el tema visitando sitios como www.adwords .google.com y www.advertising.yahoo.com, y evaluando si realmente es una estrategia que debes considerar para tu negocio.

ESTRATEGIA DE MEDIOS TRADICIONALES DE PUBLICIDAD

Tal vez como consumidor, y quizás también como dueño de un negocio, estarás familiarizado con algunos de los medios tradicionales de publicidad offline descritos en esta sección. Aunque tu negocio está online eso no significa que solamente debas promocionarlo en internet. Tu principal objetivo es hacer visible tu negocio tanto como sea posible, en internet o en otros medios. Por consiguiente, también puedes explorar algunas de las tradicionales formas de publicidad conocidas como estrategias de *marketing* offline. A continuación vamos a hablar brevemente acerca de este tipo de estrategias.

➤ **Clasificados:** Anunciar en los sitios web de clasificados se convierte en un medio económico. Algunos ofrecen paquetes que te permiten anunciar tanto en la versión online como en la versión impresa de la compañía. En algunas empresas los clasificados son gratis como en www.Craigslist.com y www .Clasificadosonline.com, mientras que en otras se pueden conseguir clasificados a bajo costo como en www.backpage .com o www.elclasificado.com.

➤ **Material impreso:** Crea material promocional impreso como *stickers*, souvenirs, tarjetas de presentación, entre otros, para distribuirlo en sitios que tus potenciales clientes frecuenten. Algunas lavanderías, pizzerías, almacenes y gimnasios tienen una sección donde puedes dejar este tipo de material. Crea diseños atractivos y siempre incluye un cupón de descuento para atraer clientes. Cotiza los mejores precios en una compañía de impresión local. Respecto a las tarjetas de presentación puedes visitar www.vistaprint.com para ordenar hasta 250 tarjetas gratis (solo pagarías costos de envío).

➤ **Radio y televisión:** Aunque te parezca casi imposible acceder a este tipo de medios sin pagar altas sumas de dinero, te sorprenderá saber que puedes lograr menciones gratis en los más populares programas de radio y televisión utilizando algunas ideas creativas de promoción. Crea comunicados de prensa porque los editores de revistas, radio y televisión siempre están buscando nuevas historias y nuevo productos.

Recuerdo la vez que fuimos contactados por uno de los programas de televisión más populares, el *Today Show* en NBC. Estaban buscando productos de belleza con soluciones simples y Nosesecret fue escogido entre muchos. El valor de esa publicidad hubiera costado cerca de medio millón de dólares y sin embargo fue completamente gratis constituyéndose en la semana récord en ventas.

➤ **Relaciones públicas online:** Conviértete en una autoridad de tu industria escribiendo artículos y comentando en otros sitios web acerca de temas de interés que atraigan a tu audiencia.

ESTRATEGIA DE REDES SOCIALES

La estrategia de redes sociales, llamada *social media marketing* en inglés, se refiere al proceso de incrementar tráfico o atención a tu sitio web a través de las redes sociales como Facebook, Twitter, YouTube, LinkedIn y blogs.

Las redes sociales actúan como cualquier evento social donde cada invitado interactúa compartiendo sus experiencias, servicios, productos e ideas de una manera entretenida. El entretenimiento es precisamente lo que hace de las redes sociales un vehículo efectivo al momento de difundir nuestro mensaje y dar a conocer nuestros beneficios sin ejercer presión a la venta. Somos más propensos a aceptar una idea o un producto cuando se nos lo presenta de una manera informal.

Esta estrategia de *marketing* para adquirir clientes es destacable por muchas razones, pero sobre todo porque además de ofrecer exposición al nombre de tu negocio, refuerza el mensaje de tus otras herramientas de *marketing* haciendo más fácil la labor de venta.

Algunas de las razones adicionales por las cuales debes incluir la estrategia de redes sociales dentro de la mezcla de estrategias de *marketing* son las siguientes:

➤ **Aumenta el tráfico a tu sitio web desde las redes sociales.** El tráfico de clientes para tu negocio se origina desde muchos de los puntos de las redes sociales como Faceboook y los blogs. Estos enlaces originados desde tus redes sociales ayudan no solo a la visibilidad de tu negocio en los motores de búsqueda sino que en efecto muchos de esos usuarios terminan comprando tus productos.

Hay algunos sistemas gestores de contenido (CMS) que inclusive ofrecen la facilidad de instalar el botón de compra directamente desde tu página de Facebook, lo cual hace que tus potenciales clientes puedan ordenar desde tu página de Facebook con un solo clic.

➤ **Aumenta la visibilidad de tu nombre o marca.** Mayor tráfico significa mayor exposición de tu marca entre tu círculo de potenciales clientes. Esto generará credibilidad lo cual es un elemento decisivo al momento de cerrar la venta.

➤ **Se convierte en fuente de *marketing* viral.** El *marketing* viral consiste en conseguir que tu mensaje, noticia o evento sea transmitido de un individuo a otro creando mayor promoción de tu marca. Esto representa una ventaja increíble porque quienes reciben el mensaje lo hacen a través de personas de su círculo de amigos en quienes confían.

➤ **Incrementa los enlaces.** Los enlaces son críticos para los motores de búsqueda. Entre más enlaces apunten a tu sitio web desde las redes sociales, más oportunidades tendrás de aumentar visibilidad y tráfico. Estos enlaces resultan naturales a los motores de búsqueda al no ser pagados sino compartidos por quienes han visto en el contenido un valor suficiente como para enlazarse directamente con tu sitio.

Los vehículos de redes sociales más populares son Facebook, Twitter, YouTube, LinkedIn y los blogs. Dada la utilidad y el alto impacto de las redes sociales en la consecución de clientes, he decidido dedicar un capítulo solamente para explicar los más relevantes aspectos relacionados con esta estrategia. En el siguiente capítulo, por lo tanto, aprenderás a usar las redes sociales para promocionar y mantener tu base de clientes.

PARA RECORDAR

"La función de la empresa es crear clientes", lo cual significa que los clientes son el corazón de tu negocio y lo único que garantizará su éxito, rentabilidad y permanencia. Por lo tanto, como dueño de tu negocio online, uno de tus principales propósitos será la búsqueda y retención de clientes. Para lograr exitosamente este objetivo, puedes poner en práctica alguna de las siguientes estrategias de *marketing*:

➤ Estrategia de motores de búsqueda (*Search Engine Marketing*)

➤ Estrategia de contenido de *marketing* (*Content Marketing*)

➤ Estrategia de administración de enlaces (*Linking Strategy*)

➤ Estrategia por correo electrónico (*E-mail Marketing*)

➤ Publicidad pagada (PPC, *Affiliate Marketing*)

➤ Estrategia de medios tradicionales (offline)

➤ Estrategia de redes sociales (*social media*, blog, Twitter, YouTube, etc.)

Como es de esperarse, algunas de estas estrategias son más fáciles de aplicar que otras y, así mismo, algunas requieren mayor inversión tanto de dinero y tiempo que otras. Mi sugerencia es ir de lo sencillo a lo complejo, es decir, empezar por las estrategias más sencillas y poco a poco ir implementando las más complejas.

Desde el momento en que empieces las labores de *marketing* para tu negocio online, ten presente la conveniencia de instruirte en cada técnica, de buscar asesoría siempre que sea necesario y de estudiar la efectividad de cada estrategia que pongas en práctica con el objetivo de identificar aquellas que sean más provechosas y rentables para tu negocio.

Por ejemplo, una manera de comenzar podría ser seleccionando las palabras clave que utilizarás para optimizar tu sitio web y crear contenido dentro de la página. Luego, desarrollar contenido con esas palabras clave que empiece a posicionarse en las páginas de resultados naturales u orgánicos de los motores de búsqueda. Adicionalmente, registra tu negocio en Google, Yahoo, Bing, etc., en directorios relacionados con tu industria e implementa tácticas para incrementar el número de enlaces internos y externos. Una vez que cubras lo básico de las estrategias de optimización, contenido y enlaces internos y externos de tu sitio web, puedes empezar a explorar otras estrategias como la de correo electrónico o la de las redes sociales.

Una vez que empieces a adquirir tus primeros clientes, prepárate para retenerlos brindándoles un excelente servicio al cliente. Ten mucha paciencia y siempre ten claro que el objetivo más que crear ventas es "crear clientes".

6

Redes sociales

*"Las empresas que entienden las redes sociales
son las que dicen con su mensaje:
te veo, te escucho y me importas".*

—TREY PENNINGTON

El marketing con redes sociales, llamado *social media marketing* en inglés, tal como vimos en el capítulo anterior, se refiere al proceso de utilizar las redes sociales como Facebook, Twitter, YouTube, LinkedIn y blogs entre otros, para incrementar el tráfico de visitas a tu sitio web. Hay muchas investigaciones e inclusive libros que hablan acerca del fuerte impacto que las redes sociales tienen sobre los negocios online. Esto significa que las redes sociales no solo sirven para conectar amigos en el mundo entero sino que también son un medio de publicidad y promoción poderoso para atraer clientes y generar ventas.

Precisamente, debido a su efectividad como estrategia de marketing y al extenso contenido que las compone, considero que vale la pena hablar más detalladamente sobre las redes sociales y por esa razón he decidido dedicar un capítulo a este tema. Para empezar, voy a compartir una anécdota personal que describe de una manera sencilla cómo las redes sociales se emplean hoy en día para hacer negocios.

Hace algún tiempo el piso del área del comedor de mi casa empezó a levantarse sin causa alguna. Después de escuchar muchas de las posibles razones, decidí iniciar una búsqueda en Google para saber qué se podía hacer en esos casos y encontré muchísima información alentadora. Con suerte sería fácil reemplazar el área dañada y no todo el piso. Muchas de las fuentes de información fueron videos tutoriales de YouTube, algunos blogs y foros con información precisa sobre qué tipo de contratista debía contratar y qué materiales necesitaría para hacer el trabajo. Hice otra búsqueda en Google para encontrar contratistas en el área a los cuales solicité cotizaciones. Sin suerte esta vez, tres opiniones diferentes apuntaban a que debía cambiar todo el piso, lo cual disparaba el presupuesto asignado para este proyecto. Contacté a un par de amigas en Facebook que a lo mejor podrían tener información acerca de un contratista con una opinión diferente y... ¡bingo!, me refirieron a uno que hizo el trabajo por una cuarta parte de mis tres cotizaciones iniciales.

Mi contratista estrella no tiene sitio web aún pero está considerando crear una muy pronto. En lugar de eso, tiene una página en LinkedIn y Facebook así que antes de contratarlo pude leer acerca de su experiencia.

Como puedes ver, a través de Google local, blogs y foros pude encontrar información relevante sobre cómo arreglar el piso del comedor: por intermedio de YouTube encontré videos instructivos y, a través de Facebook, pude solicitar referencias y consejos. Lo mejor de todo es que a través de todos estos medios localicé a personas y negocios que ofrecían este tipo de servicio decidiéndome al final por el contratista que localicé gracias a mis contactos de confianza en Facebook.

Este es un ejemplo de la manera básica e informal en que los usuarios de las redes sociales están utilizando estos medios para conseguir información, hacer negocios y tomar decisiones de compra de productos o servicios. Más allá de esto, hay maneras más sofisticadas de usar las redes sociales como medio de publicidad y venta. Precisamente en este capítulo explicaré algunas de las técnicas más efectivas para aprovechar este valioso recurso de marketing.

Con el objetivo de entender muy bien la dinámica del marketing a través de las redes sociales he decidido explicar separadamente cada una de las redes sociales más populares y utilizadas en la actualidad: Facebook, Twitter, YouTube, LinkedIn y blogs. Empecemos por la red con la cual seguramente estás más familiarizado: Facebook.

FACEBOOK

La red social de Facebook sin duda ocupa el primer puesto en la lista, ya que es la red social con mayor número de usuarios en el mundo entero. Facebook no solo te permite socializar sino que te proporciona la oportunidad de promocionar tu negocio y de estar en contacto e interactuar con tu audiencia. A través de Facebook puedes actualizar información, imágenes, fotografías y hacer otras actividades que les permitirán a tus potenciales clientes aprender más acerca de tu negocio.

Me imagino que para este momento ya muchos de mis lectores tienen una cuenta personal en Facebook, lo cual es una ventaja porque por lo menos ya están familiarizados con su funcionamiento. Para quienes todavía no tienen una cuenta en Facebook, no se preocupen, aquí aprenderán lo necesario acerca de esta herramienta. De cualquier manera, lo primero que hay que entender es cuáles son las opciones que brinda Facebook como herramienta de *marketing* para los negocios.

Para esto, vamos a empezar por aclarar que Facebook te brinda la opción de registrarte ya sea como una persona, una celebridad, una banda de música o un negocio. Cuando te registras o abres una cuenta como una persona, lo que haces es crear un "perfil", mientras que cuando te registras como una celebridad, una banda de música o un negocio lo que haces es crear una "página". Tener clara la diferencia entre "perfil" y "página" es fundamental ya que a través del "perfil" puedes socializar con "amigos" mientras que una "página" es lo que te va a permitir promocionar productos y servicios para ganar "Likes". Además de esto, Facebook también te brinda la opción de crear anuncios o publicidad pagada la cual se basa prácticamente en el mismo principio de pago por clic que vimos anteriormente.

A cualquiera de estas funciones como crear un perfil, crear una página o pautar publicidad pagada, puedes acceder de manera independiente, es decir, no tienes que tener un perfil (cuenta personal) para crear una página ni para pautar publicidad. Asegúrate de usar cada cuenta para la finalidad estipulada por Facebook.

Voy a ilustrar esto con un ejemplo: imagina que tú tienes un negocio de zapatos y decides promocionarlo en tu perfil y enviar correos electrónicos sobre tu negocio a todos tus contactos de Facebook. Si simplemente haces un comentario en tu perfil diciendo que vendes zapatos o envías un correo electrónico a uno que otro contacto, no tendrás inconvenientes. Sin embargo, si empiezas a movilizar y contactar a una gran masa de personas con fines comerciales a través de tu perfil, lo que va a pasar es que Facebook lo detectará y bloqueará tu cuenta. ¿Por qué? Sencillamente porque Facebook no te permite mezclar vida social con negocios o, dicho de otra manera, no te permite mezclar amigos con clientes, tal como seguramente lo haces en tu vida privada. No obstante, como veremos más adelante, existe una manera apropiada de aprovechar tu perfil para promocionar tu negocio.

Entonces, ¿cuál es la mejor manera de promocionar tu negocio online en Facebook? La siguiente sección dará respuesta a esta inquietud.

Promociona tu negocio online en Facebook

Puedes hacer la promoción de tu negocio online en Facebook de dos formas: creando una "página" para tu negocio a partir de tu perfil personal o creando una "página" independiente para tu negocio. La primera opción implica abrir una cuenta personal y la segunda opción implica abrir una cuenta de negocios. Cabe aclarar que la cuenta personal es la que ya tienes si es que ya cuentas con un perfil en Facebook. A través de cualquiera de las dos opciones puedes también pautar publicidad pagada y hacer uso de otras funcionalidades de Facebook. La siguiente gráfica 6.1 ilustra las dos opciones que tienes para empezar a usar Facebook como herramienta de marketing.

Gráfica 6.1. Cómo usar Facebook como herramienta de marketing

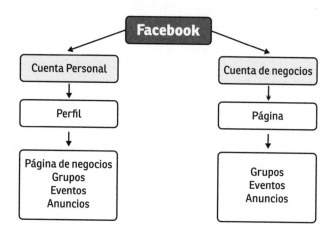

Como vemos en la gráfica, para ambos tipos de cuentas se usa terminología diferente. Nota que hablamos de perfil y hablamos de página. Otra diferencia es que en una usamos *likes* y en la otra *amigos*... Al abrir una cuenta personal lo que estamos creando es un perfil a través del cual también podemos crear páginas de negocios y utilizar las demás funciones de Facebook. Por otro lado, al abrir una cuenta de negocios lo que estamos creando es directa e independientemente una página de negocios a través de la cual también podemos hacer uso de las otras funcionalidades. Veamos un poco más en detalle cada una de estas opciones.

Crear una página independiente para tu negocio

Si no eres el tipo de persona a la que le gusta socializar a través de las redes sociales, entonces puedes simplemente abrir una página exclusivamente para tu negocio. Para esto, ve a la página de Facebook, www.facebook.com, haz clic en el enlace "crear una página" y sigue las instrucciones.

Una vez creada la página, puedes empezar a buscar contactos o seguidores utilizando las direcciones de correo electrónico de tus contactos que tienes almacenadas en todas tus cuentas de correo electrónico, personales o comerciales.

Por lo general, esta opción es preferida por las empresas y grandes negocios. Sin embargo, aun como dueño de un pequeño negocio esta es una buena opción si no tienes y definitivamente decides no crear un perfil personal en Facebook.

Crear una página para tu negocio a partir de tu perfil personal

Si ya tienes un perfil personal en Facebook, es decir, si ya estás registrado como "persona", o si decides registrarte como tal, también puedes crear una página para tu negocio online a partir de tu perfil. Para esto, ve a tu perfil de Facebook, busca la opción "crear una página" y sigue las instrucciones.

Esta opción, a diferencia de la anterior, tiene el beneficio de que te permite automáticamente enviarle la página de tu negocio a todos tus contactos con la gran ventaja de que tu perfil y la página de tu negocio serán absolutamente independientes. Es decir, quienes accedan a la página de Facebook de tu negocio online no tendrán acceso a tu perfil personal y viceversa. No obstante, podrás administrar desde tu perfil la página de tu negocio online.

En resumen, una página de negocio, ya sea creada de manera independiente o dentro de tu perfil personal, tiene múltiples ventajas pero también algunas limitaciones. Por ejemplo, a diferencia del perfil, las páginas no te permiten comunicarte directamente con tus seguidores. Una vez que un individuo le hace clic en el "Like" de tu página, tiene acceso a tu información; sin embargo, tu no tendrás acceso a la información de ese individuo. De igual manera, la terminología también es distinta: mientras que a quienes forman parte de tu perfil los llamas "amigos" a los que están en tu página de negocio los llamarás "Me gusta", o "Likes" en inglés. Una de las mayores ventajas que tiene una página sobre un perfil es la capacidad de usar aplicaciones útiles para tus labores de *marketing*. Por ejemplo, puedes incorporar el botón de compra desde tu página de Facebook para facilitar la compra de tus productos en tu sitio web.

Dentro de las ventajas de abrir una página de negocios se encuentran las siguientes:

➤ Cualquier información, como mensajes, enlaces y fotos, que el administrador de la página anuncie en su muro aparecerá en las noticias de las páginas de tus seguidores.

➤ Puedes permitirle a tus seguidores que comenten en tu muro.

➤ Al crear tu página, puedes escoger un nombre fácil de recordar para tu página, y si ya tienes una y no lo has hecho, hazlo yendo a www.facebook.com/username.

➤ Puedes anunciar eventos.

➤ Te permite usar aplicaciones para integrar tu blog y Twitter.

➤ Si haces clic en "Insights" puedes ver cuántas personas han visitado o hecho "Like" en tu página en un determinado lapso de tiempo, dónde están ubicados geográficamente y cuántas personas vieron ciertos artículos en la página.

➤ A diferencia del perfil, una página puede tener un número ilimitado de fans o *likes*.

Funciones adicionales de Facebook para promocionar tu negocio online

Una vez creada la página de tu negocio ya sea dentro de tu perfil personal o independientemente a través de una cuenta de negocio, puedes utilizar todas las funcionalidades que te brinda Facebook y que son muy útiles para hacer actividades de marketing. A continuación encontrarás una breve descripción de las funcionalidades más importantes.

Grupos de Facebook

Un grupo es ideal para un grupo de personas que quieren compartir ideas acerca de un interés en común. Los miembros del grupo pueden incluir a sus amigos en el grupo. El amigo puede salirse del grupo si lo desea, pero no dejará de pertenecer hasta que él o ella tome la acción de retirarse.

Ventajas que ofrecen los grupos

➤ Todos los mensajes, enlaces, fotos y videos que el administrador ponga en su muro aparecerán en el "newsfeed", las noticias, de los muros de los miembros.

➤ El grupo puede ser abierto, cerrado o secreto.

➤ Puedes compartir documentos con un grupo y permitir que otros miembros del grupo lo editen.

➤ Puedes limitar el servicio de chat solo para los miembros del grupo.

➤ Miembros del grupo pueden enviar correos electrónicos a otros miembros del grupo a través de correos electrónicos individuales.

➤ Un administrador de grupo puede crear una página de eventos.

Página de eventos en Facebook

Aunque suena obvio, una página de eventos es solo para eventos. Un evento no es una página de fans, de negocio o de grupo. Muchos cometen el error de crear grupos en vez de páginas para eventos y se pierden de las funcionalidades que tiene la opción de los eventos.

Ventajas que ofrecen las páginas de eventos

➤ Tú puedes invitar a los miembros de un grupo, fans, amigos.

➤ Puedes incluir el día, la hora, información del evento, una fotografía y si incluyes la dirección del evento, aparecerá el mapa de esa dirección en la parte superior de la página.

➤ La página de eventos te dirá quiénes van a ir, quiénes no y quiénes no han respondido.

➤ La gente que ha sido invitada puede escribir en el muro del evento.

➤ El administrador del evento podrá seguir comunicándose con los miembros del grupo y con quienes no han respondido.

Pautar anuncios

A través de Facebook también puedes pautar publicidad pagada de una manera muy parecida a como lo haces en la página de Google. Este tipo de publicidad o anuncios se basa prácticamente en el mismo principio que el pago por clic, el cual fue explicado anteriormente. En caso que desees pautar un anuncio en Facebook te recomiendo ponerte en contacto con sus asesores de publicidad y evaluar muy bien los costos.

Facebook *Social Plugins*

Los llamados *social plugins* te dejan ver lo que tus amigos aceptaron como "me gusta" o "Like", lo que comentan o comparten en la web mediante la integración de botones generados por Facebook que puedes instalar en tu sitio web. El botón "me gusta" o "Like" ha sido agregado por millones de sitios web. Este botón permite referir un sitio web, un producto, un artículo, foto o video con un solo clic. Si deseas aprender más de esto puedes visitar www.Developers.Facebook.com.

Lugares de Facebook

Lugares de Facebook, llamado Facebook Places en inglés, permite que cada tienda física tenga su propia página en Facebook para ofrecer ofertas y descuentos a quienes visiten la página virtual. Esta es una de las herramientas más importantes para quienes quieren promover su tienda física a través de la web.

Aunque la lista de funcionalidades no termina aquí, al menos tienes una idea más amplia de lo importante que es Facebook para tu negocio. Si piensas que a pesar de todo los beneficios aún no tienes tiempo de implementarlos, al menos enfócate en los dos más importantes: crear la página de tu negocio e integrar los *social plugins* en tu sitio web. Asegúrate de integrar los botones "me gusta" ("Like"), "Compartir" ("Share") y "Recomendado" ("Recommend").

Para ver la lista completa de *social plugins* puedes visitar developers .facebook.com/docs/plugins.

Facebook te permite hacer más atractivas las página de bienvenida. Puedes ver algunos ejemplos como www.facebook.com/zappos, www .facebook.com/hm o www.facebook.com/DunkinDonuts.

TWITTER

Twitter, al igual que Facebook, es una red social gratis que está diseñada para enviar mensajes cortos, hasta de 140 caracteres y que te permite ver lo que otros están comentando acerca de un tema de interés común. Twitter es valioso porque puedes acceder a un número de personas en un momento determinado y recibir respuesta inmediatamente. Por ejemplo, cuando deseo enviar un cupón de descuento el fin de semana veo cómo la respuesta es inmediata. Aunque no lo uso mucho para servicio al cliente, en algunos casos ha sido más rápido contactar a un cliente por Twitter que por su cuenta de correo electrónico.

Si Facebook es considerado el salón de reunión de amigos, Twitter es más el sitio donde vas a conocer gente y comentar acerca de cualquier cosa que se te ocurra. Es por ello que se convierte en una de las mejores herramientas para atraer potenciales clientes a tu sitio web.

La página twitter.com/search te permite encontrar esas conversaciones con solo escribir palabras clave en la barra de búsqueda.

Twitter funciona perfectamente para pequeños negocios porque puedes anunciar tus ofertas, enviar cupones y enviar tráfico a tu negocio online o tienda física. Lo que sigue son las tres maneras de compartir en Twitter.

Mención general o Tweets

Una mención general, el llamado Tweet, es un mensaje que incluye tu nombre en el cuerpo del mensaje. Todas las personas mencionadas y los seguidores podrán ver el mensaje. La siguiente gráfica 6.2 muestra un ejemplo de un Tweet en Twitter.

Gráfica 6 2. Ejemplo de Tweets en Twitter

Tweets

Nose Secret @NoseSecret
Summer Cleaning Sale Extended at NoseSecret 30% Off all kits
Enter coupon code NE212 Hurry! Jly 6 11:59PM PST
ow.ly/bQmcp
Expand

@Replies y hashtags

@Replies son mensajes que son enviados a una o más cuentas de Twitter sin molestar a los otros usuarios. Si envías tu mensaje escribiendo "@" previo al nombre del usuario a quien le vas a enviar el mensaje, las únicas personas que verán ese mensaje serán el que envía el mensaje, el que lo recibe y quienes estén siguiendo ambas cuentas. *Hashtag* es la palabra precedida del simbolo # y se usa para destacar y agrupar un tópico específico. Veamos la figura 6.3 abajo.

Gráfica 6.3. Ejemplo de @Replies en Twitter

Nose Secret @NoseSecret
@dmclaure Can you send us the link of theclip whre Nosesecret was featrured?
View conversation

Mensajes directos

Los mensajes directos son mensajes privados entre dos usuarios. Algo similar a los mensajes de texto. Es conveniente cuando por ejemplo uno de tus clientes te está siguiendo en Twitter y necesitas enviarle un mensaje privados acerca de su cuenta.

Diferencia entre Facebook y Twitter

Una gran diferencia entre Facebook y Twitter es que Facebook te ofrece la oportunidad de compartir mensajes sólo con tus amigos y fans, mientras que en Twitter las conversaciones son más abiertas al público, lo que constituye una ventaja para encontrar potenciales clientes. De hecho, tu negocio podría tener presencia en Twitter y ni siquiera te has dado cuenta. Por lo tanto, si ya tienes un negocio te sugiero que averigües qué están diciendo de tu compañía, de tu industria y de tu competencia a través de www.Twitter.com/search. La siguiente gráfica 6.4 muestra la casilla donde puedes acceder a esta información.

Gráfica 6.4. Casilla para conocer los comentarios de actualidad en Twitter

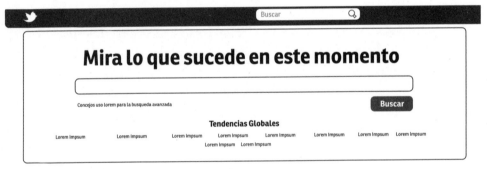

Funcionalidad adicional de Twitter

Además de las que ya hemos mencionado, Twitter provee otras herramientas adicionales que pueden ser útiles para tu negocio online:

Servicio al cliente

Twitter, además de ser magnífico para encontrar potenciales clientes, es estupendo para brindar servicio al cliente. En términos de servicio al cliente, la gran diferencia con Facebook es que la página de tu negocio en Facebook no te permite comunicarte directamente con un cliente a menos que lo hagas desde tu perfil, mientras que en Twitter tienes acceso directo a tus clientes y puedes enviarles mensajes directos como empresa. Hay muchos negocios que están usando Twitter como herramienta para proveer servicio a clientes. Algunos ejemplos de estas herramientas para ofrecer servicio al cliente a través de Twitter son: www.twitter.com/zappos, www.twitter.com/DellOutlet.

Hootsuite

Hootsuite (www.hootsuite.com) es una herramienta gratuita que te permite programar tus Tweets por adelantado y también te permite integrar otras redes sociales como Facebook y LinkedIn lo que indica que en cuestión de minutos puedes enviar un mensaje a diferentes cuentas.

TwitterSearch

TwitterSearch (www.twitter.com/search), te informa acerca de lo que se está hablando en ese momento y acerca de lo que tus clientes podrían estar diciendo de ti o de tu competencia.

En general, la mejor manera de aprender acerca de Twitter es creando tu cuenta en www.twitter.com y explorando por veinte minutos al día las diferentes herramientas y funcionalidades. Escoge un nombre sencillo para tu cuenta, fácil de recordar, y asegúrate de que nadie más esté utilizando el mismo nombre. Un buen comienzo es seguir de unas diez a veinte cuentas de personas o empresas que te gusten y con las que quieras interactuar. Baja la aplicación de Twitter en tu teléfono inteligente y verás cómo en corto tiempo habrás aprendido mucho más de lo que sabes en este momento.

YOUTUBE

Si una imagen vale más que mil palabras, un video vale más que un millón de imágenes. YouTube es el mejor medio que puedes usar para demostrar el uso de tu producto, explicar un servicio, mostrarle videos testimoniales a tu audiencia, presentar tu negocio, hablar sobre la cultura de tu empresa, etc.

La siguiente gráfica 6.5 muestra cómo luce la página de YouTube y la manera en que algunos videos son exhibidos.

Gráfica 6.5. Vista de la página de YouTube

Mi primera experiencia comercial con las redes sociales no fue como comúnmente suele suceder, empezar por tener Facebook y luego seguir con Twitter. En mi caso, mis clientes literalmente me lanzaron en las aguas de YouTube desde el comienzo.

Abrumada por el número de mensajes de correo electrónico, chats y llamadas telefónicas diarias con la misma pregunta: "¿Y cómo funciona tu producto?", decidí buscar opciones para ilustrar su funcionamiento. Por lo tanto, creé una sección en el sitio web de mi negocio para mostrar paso a paso cómo usar el producto, añadí instrucciones, fotos, *banners*, etc. Sin embargo, nada parecía solucionar el problema. Empecé entonces a cotizar la producción de un video, pero esta idea la deseché rápidamente cuando recibí por lo menos tres cotizaciones considerablemente costosas.

Un día un potencial cliente me llamó y, después de tomarme una hora respondiendo sus preguntas acerca del producto, me dijo: "Me gustaría ver un video de cómo funciona", y fue en ese momento que entró en escena YouTube. Tomé mi cámara e hice mi primer video de treinta segundos sin invertir ni un centavo. Inmediatamente lo subí a YouTube y se lo envié a mi cliente. Este video no solo produjo una venta, sino que hoy en día las ventas originadas desde YouTube constituyen un buen porcentaje de mis órdenes semanales. A la fecha, este video ha sido visto más de 170.000 veces.

Un buen dato es que en YouTube se exhiben tanto videos caseros como profesionales. Sin embargo, los videos caseros en general capturan el mayor número de clics. Esto significa que no es necesario gastar grandes sumas de dinero editando videos de altísima calidad.

YouTube es uno de los más grandes motores de búsqueda de la web y uno de los medios más utilizados para interactuar a través de las redes

CONSEJOS SOBRE YOUTUBE

1. El contenido del video es más valioso que la calidad de la producción. Puedes usar hasta tu teléfono celular para hacer videos.

2. Entre más corto el video, mejor. Lo ideal es un video de treinta segundos. Nunca lo hagas más largo de noventa segundos.

3. Sube tu video a YouTube, pero no te olvides de mostrarlo en tu sitio web, tu página de Facebook y otras redes sociales.

4. Involucra a tus clientes y ofrece descuentos para que te envíen sus videos testimoniales.

5. Habilita tu cuenta de YouTube para recibir comentarios. Toma tiempo para agradecerlos y responder las preguntas. No le temas a los comentarios negativos porque ellos se convierten en una buena oportunidad para aclarar conceptos erróneos acerca de tu negocio, productos o servicios.

6. No te preocupes si tu video no ocupa los primeros lugares en número de visitas, ya que su propósito principal es aclarar inquietudes y atraer clientes.

sociales. Saca ventaja y registra tu cuenta, aprende a crear tus propios canales y disfruta de todos los beneficios que te brinda esta herramienta gratuita.

LINKEDIN

No recuerdo cuándo fue la última vez que vi mi tarjetero, pero sí la última vez que entré a LinkedIn para buscar un diseñador gráfico. LinkedIn es una red social para profesionales cuyo principal objetivo es esencialmente conectar profesionales de todas las áreas.

Esta red profesional es utilizada, entre otras cosas, como herramienta de reclutamiento de personal, de intercambio de ideas e información y también como espacio para hacer conexiones profesionales y de negocios. Con más de 150 millones de usuarios registrados, LinkedIn es un excelente medio para cualquier dueño de negocio que quiera expandir su red de contactos, dar a conocer su negocio y establecer vínculos comerciales y profesionales con otros expertos alrededor de todo el mundo.

A través de LinkedIn puedes crear grupos para contactar a otros individuos o grupos e incrementar la visibilidad de tu negocio y hacer conexiones. También puedes crear enlaces directos al sitio web de tu negocio, tu blog y tus cuentas de otras redes sociales como Twitter y Facebook.

BLOGS

Como vimos en el Capítulo 2, un blog también puede ser considerado un modelo de negocio en la medida en que se use para producir dinero. Como modelo de negocio, un blog es una página web independiente con información acerca de un tópico en especial o una industria y obviamente tiene un propósito comercial. En esta sección me voy a concentrar principalmente en los blogs no como modelos de negocio, sino como medios para llevar a cabo estrategias de *marketing*.

Bajo este punto de vista, un blog es una parte de un sitio web que ofrece contenido relevante sobre un tema o industria. Cuando hablo de contenido relevante me refiero básicamente a artículos o escritos cortos que puedes redactar con el objetivo de captar la atención de tus usuarios, comunicar tu experiencia a otros y proveer conocimiento e información sobre tu negocio, productos, servicios y sobre tu industria en general.

El blog es por lo general la última herramienta o estrategia de marketing que debes pensar en implementar debido al tiempo que consume, no solo en diseño sino también en la producción del contenido. Sin embargo, debido a la utilidad para generar visibilidad entre los motores de búsqueda, crear un blog para tu negocio online es algo que debes considerar hacer en algún momento.

Aunque me voy a enfocar en explicar las funcionalidades de un blog como una herramienta de *marketing*, al final de esta sección haré unas breves menciones acerca de los blogs como modelos de negocios.

El blog como parte de un sitio web

Hoy en día crear un blog es una tarea bastante sencilla gracias a las plataformas gratis de Wordspress.com y Blogger.com, entre otros. En mi caso, por ejemplo, me tomó solo media hora crear mi propio blog utilizando Blogger. No obstante, mantener mi blog al principio no fue tan sencillo como crearlo, debido a que el diseño del contenido me consumía tiempo que ya tenía previsto para otras actividades de mi negocio. Con el tiempo aprendí que crear contenido para mi blog, aunque requería de tiempo, no era tan difícil como parecía.

A continuación voy a mencionar algunas ideas sencillas que aún pongo en práctica para mantener el contenido de mi blog.

Ideas para crear contenido en tu blog

Para crear el contenido de tu negocio no necesitas ni ser escritor ni dedicar horas escribiendo artículos. Hay ciertas ideas muy sencillas que puedes seguir para crear el contenido de tu blog. La clave está en que seas habilidoso y creativo para lograr captar la atención de tus visitas.

Al principio, trata de hacer uso de tu ingenio, experiencia y conocimiento para escribir artículos cortos relacionados a tu producto o servicio.

Algunas ideas que puedes tener en cuenta para crear contenido para tu blog son:

- ➤ Recicla contenido de tu propio sitio web.

- ➤ Anuncia y actualiza información valiosa sobre tu negocio a tus clientes como el cambio de las pólizas de la compañía o cualquier otra actualización relacionada con el negocio, productos y servicios.

- ➤ Divulga noticias de la industria. Para eso toma noticias publicadas en otras fuentes y divúlgalas en tu blog. Por supuesto, siempre haz referencia a la fuente y el autor.

- ➤ Escribe o comenta sobre noticias que sean de interés general y que estén relacionadas con tu negocio. En caso de ser relevante, también puedes mencionar o hacer comentarios sobre chismes faranduleros de última hora.

- ➤ Responde a preguntas frecuentes a través de tu blog.

- ➤ Sube fotografías y videos aclarando inquietudes recurrentes entre tus clientes.

- ➤ Pídeles a amigos o familiares que escriban artículos cortos de vez en cuando para tu blog. Te aseguro que más de uno podría hacerlo por diversión.

- ➤ Escribe sobre las anécdotas que tus propios clientes te cuenten sobre el uso de los productos que vendes o servicios que ofreces.

- ➤ No olvides incluir en tus escritos las palabras clave o *keywords* que has detectado por intermedio de la estrategia de los motores de búsqueda.

Como puedes ver, hay muchas tácticas simples que puedes utilizar para crear contenido en tu blog. Más adelante, cuando la rentabilidad del negocio te lo permita, podrías pensar en contratar los servicios de personas especializados en escribir para blogs, a quienes podrás contactar en sitios como www.elance.com y www.odesk.com, entre otros.

Cinco razones para crear el blog de tu negocio online

Hasta el momento hemos hablado de las maneras para crear contenido en tu blog. Ahora quiero compartir las cinco razones por las cuales tener un blog genera un impacto positivo en tu negocio online.

1. Retención de clientes

Un blog corporativo es un excelente medio para extender la comunicación con tus clientes. A diferencia de Facebook o Twitter donde los mensajes son cortos, el blog te permite contar una historia de manera más detallada.

2. Atraer nuevos clientes

El blog genera influencia sobre las decisiones de compra. Por la naturaleza del blog y el contenido limpio y fácil de acceder por medio de los motores de búsqueda, se convierte en una herramienta efectiva para atraer y retener la atención de potenciales clientes. Si alguien está buscando, por ejemplo, productos para perfilar la nariz y en mi blog hay un artículo que habla precisamente de este tema, con enlaces a mi página, es muy posible que ese usuario se dirija a mi sitio web para buscar mayor información acerca de mi producto.

3. Impacto positivo en la estrategia de los motores de búsqueda

Por la misma naturaleza de los blogs, los cuales requieren de actualización constante, se constituyen en un excelente alimentador de los motores de búsqueda.

4. Promover otras redes sociales

Tener enlaces de las redes sociales en tu blog, le permite a tus lectores visitar tus páginas de Facebook, Twitter, LinkedIn, YouTube, etc. Además, el contenido del blog puede ser creado para automáticamente enviar información a los suscriptores de tus redes sociales.

5. Máquina generadora de noticias

Los blogs como máquinas generadoras de noticias atraen a los medios de comunicación y por lo tanto son un medio de publicidad gratis. Eso quiere decir que un contenido rico en enlaces de palabras clave sobre un tópico caliente del momento será material para los suscriptores de alertas de los motores de búsqueda. Esto aumentará el tráfico a tu página.

Mi negocio, por ejemplo, fue contactado por un programa de radio después de que el editor leyera sobre nuestra historia en nuestro blog.

El blog como página web independiente

Hasta el momento hemos explorado las funcionalidades y beneficios del blog como parte de la página web del negocio online. La otra opción es crear el blog como una página web independiente.

Cuando el blog no está atado a una empresa o institución sino que es creado con el propósito de informar acerca de un tópico en especial o una industria, es catalogado como un blog más informativo que comercial.

Este tipo de blog es creado por diversas razones: porque al creador le apasiona el tema del cual escribe, se especializa en un nicho para atraer anunciantes, quiere convertirse en autoridad en una materia o industria o porque promueve productos de su programa de afiliados.

Cualquiera sea la razón, si tu blog no tiene una razón de peso para existir, morirá muy pronto. Aunque es cierto que no necesitas pagar por el mantenimiento de un blog, debes considerar que un blog independiente demanda mayor tiempo y esfuerzo que un blog creado como parte del sitio web de tu negocio.

Muchos de quienes escriben blogs hoy lo hacen simplemente porque quieren compartir su opinión acerca de un tema específico. Pero están los que ven en los blogs la oportunidad de hacer dinero extra y hasta hay quienes hacen del blog su negocio online.

OTRAS REDES SOCIALES

Facebook, Twitter, YouTube, LinkedIn y los blogs pueden ser considerados como los cinco medios sociales más destacados en la actualidad. Sin embargo, hay otros medios y otras redes sociales que también vale la pena conocer y que te podrían ser útiles para generar campañas de marketing. A continuación voy a mencionar algunos de ellos pero te sugiero explorarlos más en detalle una vez que hayas explotado todas las ventajas de los cinco medios más reconocidos.

- ➤ **Digg.com:** es un sitio web de noticias que permite la integración con otras redes sociales como Facebook.
- ➤ **Technorati.com:** es un motor de búsqueda en internet para buscar blogs.
- ➤ **StumbleUpon.com:** es una especie de motor de búsqueda que encuentra y recomienda contenido de la web a sus usuarios.
- ➤ **Shareaholic.com:** es una de las herramientas más populares para compartir contenido online y tiene un alcance de más de 250 millones de visitas únicas al mes.
- ➤ **Tweetmeme.com:** es un servicio que agrupa los enlaces de Twitter para determinar cuáles son los enlaces más populares.
- ➤ **Delicious.com:** es un servicio que te permite organizar tus sitios web favoritos, los guarda y luego los comparte con otros.
- ➤ **Foursquare.com:** es un servicio basado en la localización web aplicada a las redes sociales. En otras palabras, es una aplicación web y de teléfono móvil que les permite a los usuarios registrarse y anunciar su ubicación en un punto geográfico para conectarse con sus amigos.

➤ **Google +1:** es una nueva red social de Google la cual te permite interactuar con otros miembros de una manera similar a Facebook.

➤ **Pinterest:** es una red social que te permite compartir imágenes, videos y enlaces de temas de interés con otras personas.

NO TENGO TIEMPO PARA LAS REDES SOCIALES

La razón número uno por la que muchos dueños de negocios no implementan la estrategia de las redes sociales en sus negocios online es por la falta de tiempo. Debo admitir que yo formaba parte de este grupo hasta hace muy poco. Si el presupuesto te lo permite, contrata a alguien que al menos te organice el trabajo inicial y luego tú continúa con el mantenimiento. Si contratar a alguien no es una opción, tómate tu tiempo para explorar y aplicar por lo menos las estrategias más importantes. No todos los negocios son iguales, lo que funciona para mi negocio puede no funcionar para el tuyo. Sin embargo, date tiempo para explorar y conocer cuáles son las estrategias más atractivas para tu audiencia.

La mejor manera de comenzar y hacer *marketing* con las redes sociales es conociendo tus limitaciones y empezando por aquellos medios que puedas manejar mejor. Por ejemplo, si no eres un buen escritor de historias, un blog no será lo primero en tu lista. No obstante, si ya eres un usuario de Facebook y disfrutas de sus funcionalidades, entonces puedes empezar a promover tu negocio a través de este medio.

Por ejemplo, en mi caso, nunca dispongo de los lunes para dedicarme a las redes sociales debido al gran flujo de pedidos del fin de semana, pero el viernes estoy en mejor disposición para escribir en el blog y para actualizar la página de Facebook. Al menos dos veces a la semana reviso mi página de negocio en Facebook y busco en Twitter información acerca de lo que se dice de mi producto. Twitter te permite planear de antemano y programar cuándo quieres enviar tus Tweets.

Crea un plan

Lo ideal es crear un plan de promoción para las redes sociales con las fechas más importantes del año. Cada tres o seis meses lo puedes actualizar con nuevas ofertas, anuncios, etc. Esto te permitirá organizar tu tiempo y saber de qué vas a hablar en las fechas subsiguientes.

Hay algunas herramientas que hacen el trabajo mucho más fácil y que no te costarán mucho dinero y otras serán completamente gratis. Por ejemplo, Hootsuite es un servicio en la web que te permite actualizar todas las cuentas de las redes sociales desde una misma pantalla. Puedes enviar el mismo mensaje a tus cuentas de Facebook, Twitter, blog de Wordpress y LinkedIn en minutos. Lo mejor es que puedes usar la versión gratuita para las labores básicas.

Si crees que tienes que crear contenido nuevo para cada red social estás equivocado. Si escribiste sobre el lanzamiento de un nuevo producto en tu blog, anúncialo en Facebook y Twitter, crea un video instructivo en YouTube, sube fotografías a Flickr.com o crea una presentación en slideshare.com.

Una herramienta muy útil son las alertas de Google y Yahoo. Regístrate en www.google.com/alerts usando palabras clave o *keywords* relacionadas con el tópico de tu interés. Google te enviará correos electrónicos dependiendo de la frecuencia que estipules con información relevante.

Por último, no te dejes intimidar por lo abrumador que parece el trabajo: la experiencia hace la perfección. Y en poco tiempo te darás cuenta de tu progreso y de los beneficios de las redes sociales.

PARA RECORDAR

Las redes sociales, además de conectarte con tus amigos, te brindan la oportunidad de conectarte con tus potenciales clientes. Son una excelente herramienta de servicio al cliente y efectiva fuente de derivación de clientes. Al cumplir estas tres funciones, las redes sociales son la segunda estrategia de marketing online más importantes después de la estrategia de optimización por los motores de búsqueda.

Las redes sociales más utilizadas en la actualidad son: Facebook, Twitter, YouTube, LinkedIn y los blogs.

Facebook es la red social con más seguidores en todo el mundo y la que te permite conectar e interactuar con tu audiencia. Es muy importante comprender la diferencia entre las diferentes cuentas de Facebook y la función de cada una de ellas para sacarles el mayor provecho.

Recuerda que una vez que hayas abierto una cuenta personal a tu nombre, no podrás abrir otra cuenta a tu nombre para tu negocio online. Lo que harás es crear páginas de negocios, crear grupos para intercambiar ideas y, adicionalmente, crear una página de eventos y de anuncios, en el caso de que decidas pautar publicidad pagada.

Por su parte, las cuentas de negocios son creadas a nombre de una corporación o entidad que normalmente son grandes y tienen muchos propietarios, así como también por personas que tienes pequeños negocios pero a quienes no les gusta interactuar socialmente en Facebook.

Twitter es la red social que te permite hablar con cualquiera acerca de cualquier cosa en cualquier momento. Hay tres maneras de comunicarse a traves de Twitter: Tweets, @replies y mensajes directos. Twitter también es excelente para reforzar tu servicio al cliente.

YouTube es el servicio más grande para compartir videos y uno de los más grandes motores de búsqueda en su género.

Los **blogs** te conectan de una manera más profunda con tu audiencia posicionándote como líder en la industria. Constituyen una excelente fuente de contenido atractivo para los motores de búsqueda. El blog no solo te permite promover tu negocio online sino que también puede convertirse en tu fuente de ingreso, si decides tomarlo como modelo de negocio.

Además de las redes sociales descritas anteriormente, existe una larga lista de otras redes sociales con servicios adicionales, como por ejemplo Google+1, Foursquare.com, Shareaholic.com, Technorati.com, entre otras.

Podría parecer imposible hacerte tiempo para dedicarte a promover tu negocio a través de las redes sociales, pero si elaboras un plan realista para realizar todos los días pequeñas labores, vas a poder aprovechar los beneficios que te ofrecen.

Por último, el éxito de la promoción de productos y servicios a través de las redes sociales radica en la informalidad y la manera casual en que interactúas con tu audiencia. Crea y mantén conexión con tus potenciales clientes a través de información relevante y respondiendo a sus preguntas. Si haces un lugar, y poco a poco aprendes cómo trabajan y evolucionan las redes sociales, te darás cuenta de que en poco tiempo estarás aprovechando al máximo todas las ventajas que las redes sociales te ofrecen como herramientas de *marketing*.

TERCERA PARTE

Mide resultados y haz crecer tu negocio

7

Análisis web

"Si no lo puedes medir, no lo puedes mejorar".

—LORD KEVIN

LAS VENTAJAS DE MEDIR LOS RESULTADOS DE TU NEGOCIO

Tal y como lo dice el famoso científico Lord Kevin, la única manera en que se puede saber si las cosas están marchando bien es *midiendo*. Así como se mide el progreso de los alumnos en un aula de clases o el desempeño de un empleado en una compañía, de la misma manera es imprescindible medir los resultados de tu negocio. En pocas palabras, el único medio que tenemos para entender lo que está aconteciendo con nuestro negocio es el de *medir* los resultados.

En lo que se refiere a negocios, es totalmente esencial tener claridad sobre las cifras que describen tu negocio. Recuerda que has hecho un esfuerzo muy grande para atreverte a tener tu propio negocio online y que quizás hayas invertido los ahorros de toda tu vida o te hayas endeudado. Tu negocio online es quizás un sueño hecho realidad o tu única fuente de ingreso, así es que más vale tener claras las cifras que te proporcionarán una valiosa información para mejorar y continuar haciendo crecer tu negocio.

En cuestión de negocios, claridad es exactitud

Para muchos de los que están leyendo este libro puede que lidiar con números no sea una tarea difícil, de hecho puedo imaginarme que si estás pensando montar un negocio online es porque ya estás familiarizado con algunos de los cálculos y análisis propios de cualquier negocio. Sin embargo, también puedo imaginarme que algunos de mis lectores están apenas introduciéndose en el mundo de los negocios y puede que ellos no estén familiarizados con estos cálculos matemáticos.

LO QUE SE DEBE MEDIR EN UN NEGOCIO ONLINE

Medir un negocio online puede ser tan sencillo o tan complicado como se requiera; y digo "como se requiera", porque el tipo de negocio y la cantidad de recursos con los que se cuenta influyen mucho sobre la cantidad de variables e indicadores que deben ser objeto de medición.

Dada mi propia experiencia, soy consciente de que el dueño de un pequeño negocio online no tendrá tiempo para evaluar cada una de las variables aconsejables ni contratará los servicios de una compañía para realizar las mediciones de su negocio. Lo más probable es que él mismo tenga que realizar estas mediciones. Es por eso que lo haremos bastante sencillo. Crea un informe semanal sencillo, el cual dividirás en casillas registrando ventas, cancelaciones, devoluciones, porcentaje de ventas originadas por terceros como Ebay.com, Amazon.com, programas de afiliados y ofertas ofrecidas. Tu reporte lucirá algo parecido a como lo ilustra la siguiente figura. Podrás encontrar más información acerca de estas plantillas en mi blog www.solowebmarketing.com.

Semana Terminada	Orden Total	Impuesto	Acumulado	# de Orden	Cancelado	Devoluciones	Gran Total	Orden Promedio	Oferta
01/06/12	1557.81	4.9	1557.81	40	107.34	45.41	1405.06	38.95	5% off
01/13/12	1581.29	5.18	3139.1	41	105.85	0	1475.44	38.57	15% off
01/20/12	1432.61	2.31	4571.71	36	95.84	0	1336.77	39.79	
01/27/12	1581.25	0	6152.96	40	62.9	0	1518.35	39.53	$5 off

Una vez que puedas ver la fotografía de lo que pasa cada semana, irás haciendo los cambios y ajustes necesarios a tu estrategia de *marketing* para mejorar los resultados.

Mediciones del tráfico de clientes

Cuando ya tengas la plantilla básica de tu reporte de ventas semanales, seguiremos con otras mediciones que tienen que ver con quiénes visitan tu negocio y su comportamiento en el mismo.

Estas mediciones que, para facilidad del lector, he denominado como *mediciones del tráfico de clientes*, también podrían ser llamadas *mediciones de la web*, *mediciones de* marketing, o simplemente *mediciones de clientes*. A nivel mundial todas estas mediciones son conocidas como **análisis web**, llamado *web analytics* en inglés.

El "tráfico de clientes" es entendido como la circulación de todos los que visitan tu sitio web. Un "cliente" es quien visita y compra. Una "visita", por su parte, es quien llega a tu página, sólo mira y no compra, pero es un potencial cliente. Por facilidad de definición y entendimiento, toda esa afluencia de personas en tu sitio se llama "tráfico de clientes".

Relevancia de las mediciones del tráfico de clientes

Es de vital importancia que tengas en mente que tu negocio es un negocio *online* lo cual significa que la plataforma a través de la cual opera es *internet*. ¿Qué significa eso en términos de información y generación de conocimiento sobre tu negocio? Significa que todo movimiento sobre tu sitio web es detectado, rastreado, registrado y grabado. Significa que todo y cada uno de estos movimientos, ya sea por parte tuya o por parte de tus clientes, reposa en una base de datos la cual se convierte en una fuente de información valiosísima sobre tu negocio.

A través de internet, es posible tener información inclusive de aquel que visita tu página y no compra: de dónde viene, cómo llegó a tu página, cuánto tiempo te visitó, qué observó de tu página, qué hizo durante el tiempo que visitó tu página, las páginas que frecuenta y algunas características del perfil de la persona, entre otras cosas. El análisis web nos dice si las decisiones operativas relacionadas directamente con los clientes están ayudando a la generación de pedidos. Por ejemplo, nos ayudan a responder inquietudes como cuál promoción ha sido más efectiva, cuál es el perfil de nuestro cliente o en qué tipo de cliente debemos enfocar una publicidad específica.

Listado de las mediciones asociadas al tráfico de clientes

Habiendo entendido la importancia de medir el tráfico de clientes, podemos entrar ahora en el detalle de cuáles son las mediciones que debemos tener en cuenta.

A diferencia de las mediciones relacionadas con la situación financiera de un negocio, no todas las mediciones del tráfico de clientes están dadas a través de un simple indicador. Estas son mediciones más amplias que ameritan un poco más de análisis y de comparación de un conjunto de variables. No obstante, eso no representa mayor dificultad. Por otro lado, al igual que en las finanzas, hay una gran variedad de mediciones asociadas con los clientes, pero en esta oportunidad quiero mostrarte en detalle qué debes buscar, sobre todo en el tráfico que llega a tu página.

1. Cantidad, tipo y duración de las visitas

En el mundo de los negocios online la cantidad y tipo de visitas que llegan a tu sitio web, así como la duración de su estadía, es una de las variables básicas que se deben medir, pero también una de las más significativas. Las visitas son potenciales clientes, por lo tanto al saber la cantidad de visitas y el tipo de personas que son, puedes estar más cerca de convertir esas visitas en clientes. Por ejemplo, prestarás atención al número de visitas únicas en tu página. Esto te indicará el número de personas que te visita diariamente, el número de visitas que se repiten y te indicará que quienes vuelven a tu página están interesados en tus productos o servicios.

Respecto a la duración de la visita, podemos decir que esta es la medida de cuánto tiempo gasta un usuario en tu sitio web. Esto es importante porque el tiempo de la visita está asociado a la cantidad de interés que tu sitio genera. Entre mayor sea el tiempo de la visita, mayor es la probabilidad de que este usuario regrese o se convierta en tu cliente, es decir, compre algún producto o servicio. Por otro lado, una gran proporción de visitas extremadamente cortas te puede alertar sobre algún problema que debe ser resuelto en la página. Más adelante hablaremos de Google Analytics, una herramienta gratis que te ayudará en esta tarea.

A manera de información, vale la pena aclarar que la manera en que se detectan las visitas es a través de "cookies", una especie de identificadores que automáticamente se ubican en el navegador de la web del usuario. De esta manera, las visitas son reconocidas cada vez que empiezan una sesión (visita) en tu sitio.

2. Efectividad de las palabras clave

Como vimos en el Capítulo 5, las palabras clave son los términos que los usuarios usan para encontrar la página de tu negocio a partir de sus búsquedas en la web utilizando cualquier motor de búsqueda tales como Google, Yahoo y otros.

Medir qué palabras clave o *keywords* generan el mayor número de visitas así como el grado de conversión de esas visitas a compradores es fundamental para el éxito de tu negocio independientemente de si estás pagando o no para hacer campañas publicitarias con ellas.

Por un lado, si estás pagando campañas publicitarias utilizando las palabras clave, entonces debes asegurarte de que tu sitio web esté bien optimizado para esas palabras por las que estás pagando. Sería un desperdicio pagar para atraer visitas que se irán automáticamente porque no encuentran en tu página lo que necesitan. Por otro lado, en el caso de que no estés pagando por esas palabras clave, es igualmente importante medir cómo se están comportando. Tu página web es automáticamente clasificada a partir de estas palabras clave (relevantes al contenido de tu sitio web), por lo tanto, es crucial capitalizar esas palabras clave de tal manera que tu negocio sea fácilmente encontrado en cualquier búsqueda.

Busca Google Keyword Tool en los motores de búsqueda para aprender un poco más acerca de la relevancia de las palabras clave o *keywords* de tu interés.

3. Tasa de conversión de clientes

La tasa de conversión representa el proceso por el cual nuestras visitas se convierten en nuestros clientes. Este indicador es el que mejor mide el rendimiento de un sitio web.

$$\text{Tasa de Conversion} = \frac{\text{Número de visitas que generaron compra}}{\text{Número total de visitas}}$$

En otras palabras, se calcula dividiendo el número de ventas por el número de visitas hechas a tu sitio web. El promedio de una tasa de conversión es alrededor de un 2%. Sin embargo, dependiendo de la industria y el precio del producto o servicio, la tasa de conversión puede ser mayor o menor. Hay negocios online cuya conversión es de un 15%. Por lo tanto, el volumen de tráfico que traemos a nuestro sitio puede ser excelente pero de nada nos sirve si la mayoría de nuestras visitas solo mira y no compra. Monitorear este indicador es importante porque es en nuestro beneficio atraer visitas que se conviertan en clientes.

4. Tasa de rebote

La tasa de rebote, llamada *bounce rate* en inglés, mide la calidad del tráfico que llega a tu sitio web y cuánto lo atrae tu sitio. Esto es, el porcentaje de visitas que miró una sola página y se salió inmediatamente. La fórmula más utilizada para calcular la tasa de rebote está dada por:

$$\text{Tasa de rebote} = \frac{\text{Número total de visitas que ven una sola página}}{\text{Número total de entradas a la página}}$$

Una tasa de rebote del 30%, por ejemplo, significa que treinta de cada cien visitas solo vieron una página de tu sitio. Teniendo en cuenta la definición relacionada con el tiempo de la visita, significa que treinta de cada cien visitas abandonaron la página en tiempo récord. Este tiempo no está estandarizado y depende mucho de las características del negocio y de la página web. Sin embargo, los expertos consideran que diez segundos es un buen parámetro.

En general, no se ha definido un porcentaje aceptable de tasa de rebote. Esto depende del tipo de sitio web, del cliente objetivo y las expectativas. Usualmente se toma un 30% como referencia, es decir, se debe tratar de no tener una tasa de rebote superior al 30%. Una tasa de rebote alta significa que la persona que llegó a tu sitio no se sintió atraída y eso podría dar señal de que el sitio web necesita ser rediseñado o reorganizado.

5. Efectividad de las estrategias de *marketing*

Como vimos en el Capítulo 5, son muchas las estrategias de *marketing* que se pueden poner en práctica con el objetivo de buscar clientes: PPC, por correo electrónico, blog, redes sociales, clasificados, cupones de descuento, SEO, comunicados de prensa, compra de tráfico, *backlinks* y programa de afiliados, entre otras. Cualquier tipo de negocio, sea online o no, debe medir sus estrategias de *marketing* y determinar en cuáles de ellas vale la pena invertir más, no invertir tanto o simplemente no invertir. La efectividad de estas estrategias se mide a través de la **tasa de respuesta**, llamada *response rate* en inglés, que no es más que la cantidad de clientes (o clientes potenciales) que ganamos a partir de cada una de las estrategias que aplicamos.

Dado que internet recopila toda la información sobre el tráfico de clientes y visitas de nuestro sitio web, podemos identificar cuál de todas nuestras estrategias es la que más nos está trayendo clientes. Por ejemplo, con estos análisis nosotros podríamos concluir que estamos desperdiciando dinero en una publicidad anunciada a través de PPC en Google porque la cantidad de clientes que esta publicidad nos ha traído es insignificante. A partir de esto, la decisión que podríamos tomar es invertir ese dinero en el medio que más clientes nos trae o probar con una publicidad diferente. En últimas, el enfoque siempre será optimizar nuestras inversiones de marketing, es decir, ganar el mayor número de clientes con el menor gasto de dinero posible.

A continuación te presento algunas mediciones útiles para evaluar la efectividad de las estrategias de marketing:

- ➤ **CPC o Costo por clic:** es el costo de cada clic generado sobre un aviso publicitario, como los de pago por clic de Google Adwords. El CPC se calcula dividiendo el valor pagado por un anuncio publicitario por el número de clics generado por el mismo. Por ejemplo, $350/200 clics = $1.75 por clic.

- ➤ **Índice de clics hechos:** se calcula dividiendo el número de clics por el número de impresiones. Por ejemplo, si 1.000 personas ven mi aviso y solo 10 hacen clic en mi aviso el resultado será 1% (10/1000=0.01=1%).

- ➤ **Efectividad de la publicidad en Facebook:** es importante monitorear el número de veces que tu contenido es compartido con otros, el número de "me gusta" o "like", así como el número de seguidores.

- ➤ **Efectividad de la publicidad en Twitter:** es esencial hacer seguimiento a las menciones de tu negocio entre los usuarios de Twitter, así como el número de tus seguidores.

- ➤ **Efectividad de los Blogs:** en este caso es importante medir el tráfico de tu blog y el contenido que genera tráfico a tu sitio web.

- ➤ **Efectividad de YouTube:** un buen indicador es medir el número de suscriptores a tu página de YouTube.

6. Procedencia de los clientes y las visitas

Más específicamente este análisis se basa en detectar desde cuáles sitios web están viniendo los clientes o visitas a nuestra página. Es decir, nos dice si el cliente llegó a nosotros a partir de Google, Facebook, Twitter o Amazon, o a partir de la página de algún otro negocio, blog, noticia, etc. Más detalladamente, podemos clasificar la procedencia de nuestras visitas o clientes dependiendo del dominio desde el cual nos visitan, por ejemplo, .com, .net, .gov, .edu, etc. A través de este análisis, también es posible identificar si nuestras visitas y clientes han llegado a nosotros a través de una simple búsqueda por Google, Yahoo o cualquier otro motor de búsqueda, o si por el contrario llegaron a través de hacer clic en una publicidad nuestra. También podemos rastrear las páginas en las cuales estuvieron las visitas y clientes antes de llegar a la nuestra, es decir, no solo la inmediatamente anterior sino la secuencia de todas las páginas visitadas antes de la nuestra.

Analizar la procedencia de nuestros clientes es importante porque nos ayuda a identificar en qué canales debemos concentrar nuestros esfuerzos publicitarios. También nos puede dar ideas sobre nuevas tácticas de *marketing*, nuevos mensajes de publicidad, temas de interés para escribir en nuestro blog o en nuestros comunicados de prensa, nos ayuda a entender qué buscan los clientes en nuestra página, nos da ideas de cómo debemos organizar y mostrar el contenido de nuestra página. También nos puede ayudar a identificar posibles negocios que nos han mencionado en sus páginas y que podríamos convertir en nuestros socios estratégicos. Pero por otro lado, también es útil para identificar posibles reportajes, positivos o negativos, que hayan hecho otras personas u otros negocios acerca de nuestros productos o servicios.

7. Efectividad del sitio web

Monitoreando el tráfico de clientes también es posible evaluar el desempeño del sitio web. Si se rastrean los movimientos de los clientes en el sitio web, se puede detectar cuáles son los enlaces más visitados en la página y cuáles definitivamente nunca son visitados, la manera en que un cliente brinca de un enlace a otro, cuál es la página o el enlace más visitado, cuál es el enlace donde la mayoría de los clientes inicia la búsqueda y cuál es el enlace a través del cual la mayoría de las visitas que no compra abandona el sitio web.

Por ejemplo, si detectas cuál es la página o el enlace donde la mayoría de tus visitas abandona tu sitio web, podrías analizar las características de esta página y detectar la razón de abandono. Puede ser que esta página sea poco entendible, esté mal organizada, o puede que la información que supuestamente debe brindar esa página nunca aparezca.

Por lo tanto, conviértete en el vigilante número uno de tu sitio web;

la única manera de hacerlo es visitando tu sitio y probando si los enlaces funcionan correctamente.

Ten siempre presente que navegar a través de tu sitio web es quizás el principal contacto que los clientes tienen contigo y con tu negocio y, por lo tanto, a partir del funcionamiento de la página, las personas pueden sacar conclusiones generales acerca del negocio, de los productos y del servicio al cliente que se ofrece. ¿No te ha pasado que cuando entras a un restaurante y eres mal atendido por el mesero no te quedan ganas de volver nunca más? El hecho de que el mesero te haya atendido mal no significa que el restaurante sea malo, que todos los meseros atiendan mal ni que la comida sea mala, pero a partir del servicio de ese mesero sacaste conclusiones generales acerca de todo el restaurante, al punto de decidir no volver nunca más.

Exactamente lo mismo pasa con tu sitio web. Si tus clientes hacen clic sobre un link que los lleva a una página inexistente, inmediatamente ellos pueden dudar de la credibilidad del negocio. De ahí la importancia de evaluar el sitio web a través del tráfico de los clientes.

8. Revaluar el perfil del cliente

Revaluar el perfil del cliente es quizás una de las tareas fundamentales del *marketing*. Saber que tus cliente son, por ejemplo, principalmente hombres de entre 25 y 40 años de edad, profesionales, pertenecientes a la comunidad latina de los Estados Unidos, a quienes les gusta bajar música a través de la web, compran frecuentemente cosas en internet y pasan aproximadamente la mitad del día conectados a internet, te da una gran ventaja competitiva.

A partir del perfil del cliente tú puedes pulir los mensajes publicitarios acerca de tu negocio, puedes idear un protocolo de servicio que se adapte más a este tipo de persona, puedes idear promociones más llamativas para este perfil de cliente, pensar en desarrollar un nuevo producto o un nuevo servicio de interés para este grupo; de hecho, también vas a poder desarrollar estrategias para llegarle a más personas que cumplan con el mismo perfil. Por ejemplo, si sabes que tus clientes son principalmente hombres pertenecientes a la comunidad latina de los Estados Unidos, podrás idear estrategias para hacer publicidad en los estados con mayor cantidad de personas latinas. Igualmente, también podrías pensar en promocionar tus productos en Latinoamérica.

En general, analizando y sacando sencillas estadísticas sobre la base de datos de tus clientes puedes determinar ciertas características comunes entre ellos que te ayuden a entender quién es el tipo de persona (o empresa) más afín a tu producto.

HERRAMIENTAS DISPONIBLES PARA REALIZAR LAS MEDICIONES

A estas alturas me imagino que te debes sentir abrumado pensando cómo vas a hacer para medir todos estos indicadores y efectuar todos estos análisis. Pues, la buena noticia es que el negocio online que tienes, o que tienes en mente, va a ser parte de internet que, afortunadamente, "todo lo hace posible" (o por lo menos casi todo). Por lo tanto, para acceder a todos estos análisis e indicadores lo único que tienes que hacer es registrarte en una página de análisis web o bajar de internet un programa de medición gratuito.

En mi negocio utilizo "Google Analytics" que es la herramienta más utilizada y la más recomendada para este tipo de mediciones y lo mejor es que es gratis. Esta herramienta se basa en metodologías sencillas, fáciles de entender y es adaptable para análisis tanto básicos como avanzados.

¿Cómo empezar a utilizar Google Analytics?

Para acceder a Google Analytics todo lo que necesitas hacer es abrir una cuenta en Google. Si ya tienes un correo electrónico de gmail entonces ya tienes una cuenta, por lo tanto no necesitas abrir otra.

Una vez que tengas la cuenta en Google, debes ir a www.google.com/analytics y hacer clic sobre "sign in" e ingresar tu cuenta y tu clave. Una vez adentro, se va a desplegar una página donde debes registrar el URL del sitio web de tu negocio online. Para esto, debes primero seleccionar si tu sitio es http:// o https://. A continuación, debes colocarle un nombre a tu cuenta de análisis web, escoger el país desde el cual operas tu negocio online, aceptar las políticas de privacidad de Google y registrar algunos datos de contacto.

En la siguiente pantalla, Google te solicita registrar un código de rastreo en el sitio web de tu negocio. Esto lo puedes hacer siguiendo las instrucciones que te proporciona Google. Este paso es el más importante ya que este código es el que le va a permitir a Google rastrear toda la información de tu página. Una vez registrado este código, haces clic en "continuar" e inmediatamente entras a la página principal de tu cuenta de análisis web desde la cual vas a poder medir los resultados de tu negocio. Para cambiar el lenguaje a español sólo debes modificar el lenguaje en la opción de "settings".

Para hacer uso de esta herramienta, te recomiendo leer el manual de Google Analytics, el cual está disponible en la misma página web. En este manual encontrarás todas las instrucciones para realizar las mediciones más usadas y relevantes para tu negocio online.

Con toda la información que te he proporcionado hasta el momento, espero que seas consciente de la relevancia de medir los resultados de tu negocio. Recuerda que una buena manera de empezar es aplicando las mediciones más básicas y sencillas. De cualquier manera, siempre ten presente que medir tanto la condición financiera de tu negocio como el tráfico de los clientes, te dará una gran ventaja competitiva.

Si eres un poco más curioso, te recomiendo leer el libro *Google Analytics* escrito por Ledford, Teixeira y Tyler, el cual se encuentra disponible en español.

PARA RECORDAR

Como dueño de tu propio negocio online, te verás en la necesidad de tomar decisiones cruciales diariamente. Sin importar cuál sea la situación a la cual te enfrentes y el tipo de decisión que debas tomar, el objetivo final siempre será uno solo: *elevar las utilidades de tu negocio*. De allí la importancia de tomar decisiones objetivas y acertadas que trabajen a favor de la rentabilidad del negocio. Por lo tanto, no puedes dejar todo el proceso de toma de decisiones en manos de tu intuición y experiencia. Es necesario unir a tus habilidades y conocimiento toda la información precisa posible acerca del negocio.

La única manera de conocer con precisión lo que está aconteciendo en el negocio, si está marchando bien o no, es *midiendo*. Medir los resultados de tu negocio es la clave que te va a permitir controlarlo y por ende mejorarlo.

Son muchas las mediciones que se pueden hacer en torno a un negocio online. Como mi enfoque está en los pequeños negocios online, para simplificar me he concentrado en la medición semanal de ventas y en la medición del tráfico de clientes.

El **reporte semanal de ventas** en los negocios de *e-commerce* te permite evaluar lo que está pasando en tu negocio y los correctivos que debes aplicar a tiempo.

Por su parte, los **indicadores del tráfico de clientes**, también conocidos como análisis web o *web analytics*, son mediciones que en su mayoría son propias únicamente de los negocios online. La función de estas mediciones es decirnos si las decisiones operativas relacionadas directamente con los clientes están ayudando a la generación de utilidades. Las mediciones básicas que cualquier negocio debe poner en práctica en relación al tráfico de sus clientes son:

➤ visitas

➤ efectividad de las palabras clave

➤ tasa de conversión de clientes

➤ tasa de rebote

➤ efectividad de las estrategias de *marketing*

➤ procedencia de los clientes

➤ visitas y efectividad de la página web

Es sabido que muchos dueños de negocios online pequeños no llevan a cabo estas mediciones, porque lo consideran complicado y creen que esto solamente lo debe hacer un experto. La realidad es que con la ayuda de herramientas como Google Analytics, la cual es gratis y se encuentra disponible en español, la tarea se hace mucho más fácil.

El proceso de medición de los resultados de tu negocio se irá haciendo más complejo en la medida en que tu negocio crezca. Pero para empezar, te recomiendo hacer mediciones sencillas que sean claras para ti y que te ayuden a tomar decisiones acertadas. Lo más importante, sin lugar a duda, es crear el hábito de medir tu negocio. Recuerda que cualquier decisión que tomes lleva atado el riesgo de ganar o perder dinero, por lo tanto, lo único que puede minimizar el riesgo de tomar malas decisiones es basarlas en información precisa y veraz.

Siempre ten en cuenta que la única manera de mejorar algo es *¡midiéndolo!*

8

Financiación para tu negocio online

"El dinero no da la felicidad, ciertamente;
pero tampoco es un serio obstáculo".
—JOSEP PLA

LOS GASTOS BÁSICOS PARA EMPEZAR

El dinero necesario para empezar y lanzar tu negocio online van a depender del tipo de negocio y del producto o servicio que vayas a ofrecer. Si tu negocio online amerita la producción de un producto, entonces muy seguramente tendrás que invertir en la producción del mismo. Si tu negocio online se basa en vender pulseras o manillas que tú mismo fabricarás a mano, entonces para empezar sólo necesitas invertir en materiales pero no en producción. En consecuencia, unos negocios online necesitarán más inversión que otros. No obstante, hay ciertos elementos básicos que cualquier negocio online necesita y es precisamente en este punto en donde me voy a detener brevemente porque quiero que por lo menos tengas claro qué es lo mínimo que necesitas para empezar tu negocio online.

LOS 30 ELEMENTOS BÁSICOS: ¡LO MÍNIMO NECESARIO!

A esta altura es meritorio detenerse a pensar acerca de las ventajas de tener un negocio online. La inversión requerida para crear un negocio online es significativamente menor a aquella que se necesita para crear un negocio tradicional. A continuación te voy a presentar la lista de los treinta elementos básicos que necesitas para empezar tu negocio online. Si analizas minuciosamente el listado te darás cuenta de que muchos de ellos ya los tienes en la casa, otros te los pueden regalar, otros los puedes adquirir de segunda mano, e inclusive hay algunos que los puedes crear tu mismo. Lo peor que te puede pasar es tener que partir de cero lo cual tampoco es tan grave.

Es fundamental estar abierto para detectar aquello en lo que realmente vale la pena invertir. Establece prioridades y nunca gastes más de lo necesario. Haciendo esto, puedes ahorrarte mucho dinero y gastarás sólo en aquello que efectivamente le da valor a tu negocio online. Algo que te puede ayudar es hacer una simple lista de todo lo que necesitas, clasificando lo que ya tienes, lo que puedes conseguir a través de otras personas, lo que puedes conseguir gratis en internet, lo que puedes comprar de segunda mano y lo que definitivamente tienes que comprar nuevo. En el taller a continuación encontrarás un formato que incluye el listado de los treinta elementos básicos que necesitas para empezar tu negocio online y unas casillas que debes diligenciar dependiendo de cómo adquieras estos elementos. Es decir, si ya los tienes en la casa, si te los van a regalar o si los tienes que comprar. Esto te ayudará a tener un panorama claro de la inversión inicial que debes hacer.

TALLER #5:
LOS 30 ELEMENTOS BÁSICOS PARA EMPEZAR TU NEGOCIO ONLINE

Toma papel y lápiz y chequea cada uno de los treinta elementos básicos según corresponda. Agrega el valor a esos que debes comprar, ya sean nuevos o de segunda mano. Y recuerda adicionar cualquier otro elemento que necesites dependiendo del tipo de negocio que tengas en mente. Este es un ejercicio muy sencillo pero te ayudará a no malgastar el dinero.

LISTA DE LOS ELEMENTOS QUE NECESITO PARA EMPEZAR MI NEGOCIO ONLINE

Elementos para empezar	Fuente				Inversión ($)
	Personal	Gratis	Segunda mano	Comprar	
ELEMENTOS DE TELECOMUNICACIONES					
Computadora					
Teléfono					
Fax					
Conexión a internet de alta velocidad					
Servicio de línea telefónica y fax					
Programas (software) para computadora (por ejemplo: Word, Excel)					
Programas para imprimir					
Servicio de chat					
Servicio de manejo de redes sociales					
ELEMENTOS DEL SITIO WEB					
Un sitio web					
Dominio					
Hospedaje (*hosting*)					
Certificado de seguridad					
Plataforma para métodos de pago					
Administración y mantenimiento del sitio web					

Elementos para empezar	Fuente				Inversión ($)
	Personal	Gratis	Segunda mano	Comprar	
ELEMENTOS DE MARCA Y PRODUCTO					
Logo y eslogan					
Registro de la marca					
ELEMENTOS DE PUBLICIDAD					
Programa de cupones de descuento					
Marketing por correo electrónico					
Comunicado de prensa					
SEO motores de búsqueda					
Pago por clic					
Redes sociales					
Clasificados					
Compra de tráfico					
Backlinks					
Programas de afiliados					
ELEMENTOS DE ASESORÍA, MEDICIÓN Y CONTROL					
Asesoría contable					
Asesoría legal					
Software para medir y analizar los resultados del negocio					
ADICIONALES					
Producción del producto					
Envío					
Estampillas					
Empaque					
Patente					
PRESUPUESTO INICIAL					$

LISTA DE LOS ELEMENTOS QUE NECESITO PARA EMPEZAR MI NEGOCIO ONLINE

Antes de invertir debes procurar utilizar los implementos con los que cuentas en casa y recurrir a familiares o amigos porque sin duda muchos de ellos estarán dispuestos a ayudarte. Aprovecha todo aquello que puedas conseguir gratis. Empezar un negocio no implica tener todo nuevo. Ese es un gran error que cometen muchas personas que malgastan el dinero en cosas que no son relevantes. Por ejemplo, no necesitas la computadora más bonita o de más alta gama, sólo necesitas una computadora en buen estado que te permita trabajar. El dinero que te ahorras en la compra de la computadora podría ser invertido en el diseño del sitio web, lo cual le dará más valor a tu negocio online. De eso se trata establecer las prioridades.

Además, en la medida en que tu negocio online se estabilice y empiece a generar utilidades, puedes empezar a invertir con los fondos propios del negocio. Entonces podrás, por ejemplo, perfeccionar el sitio web, comprar una computadora de última tecnología, aumentar la inversión en publicidad, etc. La idea es minimizar la inversión inicial y tratar de que el negocio genere ingresos en el menor tiempo posible.

POSIBLES FUENTES DE FINANCIACIÓN

Ahora que ya sabes cuánto dinero necesitas, el paso que sigue ¡es conseguirlo! Si no eres una de esas pocas personas afortunadas que ya cuentan con los recursos económicos, entonces puede ser un poco más difícil. Pero no te preocupes, tú perteneces al 90% de personas que necesita buscar una fuente de financiación para su negocio. Y lo quiero recalcar para que te des cuenta de que la gran mayoría de los negocios que existen en el mundo han necesitado de financiación, lo que significa que ninguno de sus creadores se ha estancado o paralizado por el tema del dinero y todos esos negocios son ahora una realidad. Una vez más: el dinero no es un serio obstáculo.

Si tienes poco o ningún conocimiento o experiencia alguna en negocios, quizás te puedes estar imaginando que la única fuente de financiación posible es pedir un crédito en un banco. ¡Te equivocas! Existen varias fuentes de financiación y es esencial que las conozcas todas para que puedas explorarlas y seleccionar la más beneficiosa para tu tipo de negocio.

A continuación te presento las fuentes donde puedes conseguir el dinero que necesitas para tu negocio online.

Recursos propios

Esta es quizás la opción más utilizada por la mayoría de los emprendedores que quieren tener su propio negocio. Utilizando los recursos propios no te comprometes financieramente con terceros, no adquieres deudas, ni tienes que pagar intereses y tampoco tienes que adjudicarles parte de tu negocio a otros. No obstante, merece especial atención definir cuáles son aquellos recursos propios que puedes utilizar para financiar tu propio negocio.

Antes que nada, como ya lo he comentado anteriormente, utilizar recursos propios significa aprovechar todos los bienes y enseres con los que ya cuentas. Segundo, significa aprovechar tus propios ahorros, aquellos que quizás estabas pensando gastar en las vacaciones o que organizadamente has acumulado para invertir en el negocio. Pero, ¡ten mucho cuidado! Utilizar los recursos propios no se trata de vender la casa donde vives, ni gastar el dinero ahorrado para la educación de tus hijos, ni gastar todos los ingresos de un negocio para montar otro. Utilizar recursos propios se trata de utilizar aquel dinero que tengas pero que no necesites para vivir; es esa cantidad de dinero que te puedes permitir arriesgar, pero que no te va a dejar en la calle si lo pierdes.

En mi caso, por ejemplo, una de mis fuentes de financiación fueron mis propios recursos. Yo empecé mi negocio en el comedor de mi casa, con mi computadora personal, el servicio de internet, teléfono y fax de mi propia casa, y con mis ahorros.

Familiares y amigos

Si tus propios recursos no son suficientes, la siguiente alternativa es contar con tus familiares y amigos. Una vez más, la ayuda que ellos te pueden brindar consta de bienes y enseres, conocimiento y dinero, ya sea en calidad de obsequio o préstamo.

¿Obsequio? Puedes pensar que esto es imposible, pero te aseguro que puedes encontrar en tu familia o inclusive en tus amigos personas dispuestas a contribuir. Sólo asegúrate de retribuirlos económicamente cuando tu negocio empiece a dar utilidades. Esta es una forma de agradecimiento por su confianza y ayuda incondicional.

¿Préstamo? Debes estar pensando que es mejor no mezclar familiares ni amigos con dinero. Pero esta es una alternativa que debes abordar y no rechazar simplemente por el miedo a que se dañen las relaciones. Siempre y cuando los acuerdos sean claros y beneficiosos para ambos no hay cabida para problemas. Como dice el refrán: "Cuentas claras conservan la amistad".

Programas del gobierno

Ya sea que te encuentres en los Estados Unidos o en otro país, esta es una buena alternativa que debes investigar antes de pasar al mercado bancario.

Los gobiernos tienen programas de apoyo para fomentar la creatividad y la creación de empresas. De hecho, los gobiernos ya cuentan con cámaras de comercios electrónicos dedicadas solamente a apoyar y asesorar a las personas que incursionen en el mundo de los negocios online. Contacta a la cámara de comercio de tu país y no dejes de aprovechar los programas y patrocinios que el gobierno te puede brindar.

Estos programas pueden estar clasificados dependiendo el tipo de industria del negocio, o el tamaño del negocio, el género o raza del empresario, el objeto social del negocio e inclusive por el impacto que el negocio tiene en la comunidad. Los beneficios de estos programas son múltiples, desde cursos para empresarios, asesoramiento y hasta apoyo económico. La ventaja de estos programas es que puedes lograr un préstamo con bajas tasas de interés o inclusive ninguna. La desventaja podría ser el tiempo que toman los trámites. De cualquier manera, no dejes de explorar esta opción, te podrías encontrar con muchas sorpresas y beneficios en el camino.

Concursos para emprendedores

Hay muchas entidades públicas, privadas, universidades, medios masivos como la televisión, entre otros, que organizan y promueven concursos para emprendedores con el objetivo de incentivar las ideas innovadores y la creación de empresas. La información sobre estos concursos la puedes encontrar en sitios web o blogs especializados en negocios, en las universidades locales, en los medios de prensa, a través de las entidades del gobierno y, en general, investigando en internet.

Para participar en estos concursos debes simplemente seguir paso a paso los procedimientos, llenar la documentación solicitada y exponer de manera verbal y escrita tu proyecto o idea de negocio (a veces es necesario editar un video y participar en una serie de conferencias). Lo bueno de estos concursos es que, si eres favorecido, te pueden adjudicar la financiación parcial o total de tu negocio. Si tu idea es bastante original o si tiene un impacto fuerte en la comunidad, te recomiendo indagar más profundamente en esta alternativa.

Entidades bancarias

Esta es quizás la opción que más temor produce, la que podría ser la más costosa y a la cual muchos ni siquiera tienen acceso.

Acceder a un préstamo bancario implica como mínimo tener una buena historia crediticia y buenas referencias comerciales. Algunos bancos, por su parte, solo otorgan préstamos a negocios que ya están operando y con resultados financieros que pueden respaldar el préstamo. Sin embargo, no te desanimes, es posible que una buena trayectoria de crédito, una atractiva idea y un pulido plan de negocio seduzcan a una entidad financiera.

Si tu negocio online no requiere una gran suma de dinero, es posible que puedas sacar un préstamo de libre inversión. De esta manera puede ser más fácil lograr el préstamo, aunque quizás sea a una tasa mayor.

Otras entidades financieras

Hay otras entidades cuyo objeto social es prestar dinero pero no son bancos y por lo tanto pueden ser un poco más accesibles. Por lo general, este tipo de entidades están enfocadas en apoyar a pequeños empresarios con necesidades de financiación. Esta opción tiene la desventaja de que suelen prestar montos más pequeños y a una tasa de interés más alta.

Socios

A diferencia de los inversionistas, tener un socio implica que esta persona es tan dueña del negocio como tú. Por lo general, los porcentajes de participación son repartidos equitativamente entre todos los socios. La ventaja de esta opción es que todos los socios asumen el mismo riesgo y están igualmente comprometidos con el negocio.

Si definitivamente necesitas un socio, lo recomendable para pequeños negocios online es tener solamente uno. La característica de este socio no es solo que tenga el dinero para invertir, sino que también trabaje de la mano contigo en la creación y operación del negocio. Es decir, tu socio debe ser alguien con el conocimiento y la experiencia suficientes para favorecer y contribuir al éxito del negocio. Algo muy importante, tu socio debe ser alguien que tenga las mismas motivaciones y ganas de sacar adelante el negocio online.

Debido a que hay diferentes tipos de asociaciones, te recomiendo asesorarte o buscar información sobre el tema. En las cámaras de comercio y otras entidades gubernamentales y privadas puedes encontrar asesoría y apoyo al respecto.

A veces es posible encontrar asociaciones donde una persona aporta la idea, el trabajo y todo el conocimiento y otra aporta el 100% del dinero. En este caso, la participación 50%–50% también es viable y justa.

Préstamo entre particulares

Este es un tipo de financiación novedoso que opera a través de internet y consiste en préstamos de dinero entre personas, llamado *peer-to-peer lending* en inglés, que no se conocen pero que se conectan y generan una obligación financiera a través de la seguridad de un sitio web. En palabras sencillas, son sitios web donde las personas se inscriben y pueden abrir una cuenta ya sea como prestador (quien necesita el dinero) o como inversionista (quien provee el dinero). La persona que necesita el dinero expresa su necesidad financiera y el dinero es recolectado entre los inversionistas.

A diferencia de los bancos, este tipo de metodología te permite obtener una tasa de interés más baja.

Los sitios web más reconocidas son Prosper.org y Lending Club. Estas páginas operan en inglés. Sin embargo, puedes echarles un vistazo para ver cómo funcionan y tratar de encontrar páginas parecidas en tu mismo país o que operen en español.

Financiación en masa

Al igual que los préstamos entre particulares, la financiación en masa, llamada *crowdfunding* en inglés, es una novedosa alternativa que se originó gracias a las ventajas de internet. Pero la gran diferencia es que no se trata de préstamos. Esta idea empezó hace unos años en los Estados Unidos y ahora está tomando tanta fuerza que se está difundiendo a nivel mundial.

La financiación en masa o *crowdfunding* es una estrategia de recaudación de dinero gracias al patrocinio de "fans" o personas que se interesan en tu proyecto. ¿A cambio de qué? A cambio de una simple recompensa que tú mismo puedes diseñar como la mención de sus nombres en tu sitio web, publicidad gratis en tu sitio, envío de postales, envío de una muestra de tu producto, una camiseta, cupones de descuento para adquirir tus productos o servicios, etc.

Si tu idea de negocio online es innovadora, te recomiendo que busques información sobre estas nuevas plataformas de financiamiento. Es una idea muy creativa y económica para recolectar dinero. La desventaja es que la idea de tu negocio se hace pública y podrías correr el riesgo de que sea copiada. Sin embargo, son muchos los negocios y proyectos que se han hecho realidad gracias a estas páginas. A continuación te proporciono una lista de sitios web que puedes explorar:

Estados Unidos (páginas en inglés): KickStarter, RocketHub, Fondomat.

Estados Unidos (mercado hispano): Idea.me.

México: Fondeadora, Idea.me.

Argentina: Tumecenas.com, Banana Cash, Proyéctanos, Idea.me.

Perú: Emprender.pe.

Chile y Uruguay: Idea.me.

PARA RECORDAR

Todos los que soñamos con ser dueños de nuestros propios negocios tenemos una obsesión en común: ¡dinero!

Esta obsesión puede ser positiva en el sentido de la inspiración que nos genera el imaginarnos ganando el dinero que deseamos como producto de nuestro propio negocio. Pero también puede ser negativa debido al miedo que nos genera el solo pensar que tenemos que invertir y arriesgar dinero para empezar. Lo más triste es que sé que muchos ni siquiera dan el primer paso debido a ese miedo y se pierden la gran oportunidad de ganar más de lo que podrían perder.

Por esta razón, quise centrarme en un capítulo destinado sólo a la explicación de las diferentes fuentes de financiación para poner tu negocio online en marcha. Estas fuentes de financiación con las que puedes contar hoy en día son:

➤ Recursos propios

➤ Familiares y amigos

➤ Programas del gobierno

➤ Concursos para emprendedores

➤ Entidades bancarias

➤ Otras entidades financieras

➤ Inversionistas

➤ Socios

➤ Préstamos entre particulares

➤ Financiación en masas o *crowdfunding*

En general, la sugerencia es que explores todas las alternativas y selecciones la que más te convenga de acuerdo a las características de tu negocio online. Si tu negocio es pequeño, puedes recurrir a las fuentes de financiación más económicas y más accesibles como por ejemplo, recursos propios, familiares y amigos, programas del gobierno y/o alguna alternativa de préstamos económica. Si, por el contrario, tu negocio online es a gran escala, entonces debes recurrir a fuentes de financiación más especializadas como los inversionistas, socios y entidades bancarias. Por último, si tu negocio es innovador o con un impacto fuerte para la sociedad, te recomiendo concursos y fuentes de financiación colectiva.

Espero que este capítulo te haya proporcionado la información suficiente para que puedas vencer el supuesto obstáculo del dinero y así lograr tu sueño de convertirte en el dueño de tu propio negocio online.

Invitación especial

Me encantaría escuchar tu historia y saber cómo este libro te ha ayudado a materializar tus ideas. Cada mes escogemos una historia exitosa entre nuestros suscriptores. Me gustaría invitarte a compartir tu historia con la posibilidad de ser seleccionada como la historia del mes.

Si deseas compartir tu historia, puedes visitarnos en www.fabiola diamond.com y haz clic en "Envía tu historia".

Puedes contactarme directamente a:

amigos@fabioladiamond.com

y seguir ampliando tus conocimientos sobre este y otros temas del libro en mi blog: www.solowebmarketing.com.

Saludos,

Fabiola Diamond

Glosario

About us [Quiénes somos]: la página de un sitio web que contiene la descripción y una breve reseña histórica del negocio, organización o entidad propietaria del sitio.

Ancho de Banda [*Bandwidth*]: la velocidad a la cual cierta cantidad de información o de datos son transportados a través de una conexión de red. El ancho de banda se expresa generalmente en bites por segundo (BPS), kilobites por segundo (kbps) o megabites por segundo (mps).

ASP.net (Active Server Pages): un ambiente de programación utilizado para desarrollar páginas web dinámicas y poderosas aplicaciones de internet.

AVS (Address Verification System): un sistema de verificación para prevenir fraude electrónico que consiste en comparar la dirección de facturación de la tarjeta de crédito dada por el comprador con la dirección registrada en los récords del banco que emitió dicha tarjeta.

Backlinks: los enlaces entrantes a un sitio web desde otros sitios web independientes. La cantidad de *backlinks* son importantes para el posicionamiento entre los motores de búsqueda.

Back order: un pedido o parte de un pedido que no está disponible en el inventario.

Banner: un anuncio publicitario que se incluye en una página web, casi siempre rectangular o cuadrado, con el objetivo de atraer y dirigir tráfico hacia el sitio web del anunciante.

Blog: una página web en la cual el autor o autores periódicamente escriben para sus lectores artículos, o comparten información, conocimiento, pensamientos sobre temas específicos.

***Brief* creativo:** un documento donde el dueño de un sitio web expresa y detalla al diseñador de web todas las especificaciones necesarias para construir el sitio web, es decir, todos los requerimientos y las expectativas que el dueño tiene sobre su sitio web.

Certificado SSL (Secure Socket Layer): un certificado que adquieren las páginas web para asegurarles a los clientes y usuarios que dichas páginas son confiables y que los datos ingresados por ellos están protegidos.

***Chargebacks* (Contracargo):** la devolución forzosa de fondos a un comprador por parte de un vendedor cuya solicitud es iniciada casi siempre por la entidad bancaria que emitió la tarjeta.

CMS (Content Management System) (Sistemas de gestión de contenido): un programa o herramienta informática usada para crear, editar, clasificar, gestionar y publicar información de todo tipo en un sitio web. Existen dos tipos de CMS: CMS de código abierto (Open source CMS) y CMS comercial (Commercial CMS).

CMS Comercial (Commercial CMS): un sistema de gestión de contenido con respaldo comercial, es decir, para usarlo hay que comprar la licencia lo cual implica un alto costo, aunque también un servicio personalizado.

CMS de código abierto (Open source CMS): un sistema de gestión de contenido que se ofrece de manera masiva y casi siempre gratis o a un muy bajo costo. Estos sistemas han sido creados por desarrolladores voluntarios.

CSS (Cascading Style Sheets) (Hojas de estilo en cascada): un lenguaje de programación que les permite a los desarrolladores web controlar el estilo y el formato de múltiples páginas web al mismo tiempo. Cualquier cambio en el estilo marcado para un elemento en la CSS afectará a todas las páginas vinculadas a esa CSS en las que aparezca ese elemento.

Dirección de IP (Internet Protocol): una dirección IP es una etiqueta o numero único que identifica a una computadora conectada a una red que utilice el protocolo IP.

Dominio: el nombre que identifica una página web y que va acompañado de un sufijo, como por ejemplo *tunegociolonlinehechofacil.com*

E-commerce (Comercio electrónico): venta de productos y servicios a través del internet.

Footer Navigation (Navegación a pie de página): la serie de enlaces, como una barra de navegación pequeña, que se encuentran en la parte inferior de una página web y que siempre aparecen escritos en letra diminuta. Los enlaces incluidos sobre esta pequeña barra son casi siempre administrativos, tales como políticas de privacidad, avisos legales, dirección de contacto, entre otros.

Front end & Back end: el *front end* se refiere a todos los aspectos visibles de un sitio web, es decir, es la parte que interactúa con los usuarios. El *back end*, por su parte, es todo lo que hay detrás del sitio web, es decir, son todos esos procesos que utiliza el administrador de la web para ejecutar y resolver los requerimientos de los visitantes.

Geeks: un término que se usa para describir a un genio de la tecnología y la información.

Hosting compartido: consiste en que varios sitios web, cada uno con su propio dominio, están alojados en un mismo servidor.

HTML (HyperText MarkUp Language): código o lenguaje usado para publicar textos en la web.

ICANN (Internet Corporation for Assigned Names and Numbers): una corporación internacional sin ánimo de lucro que se encarga de asignar las direcciones IP y de gestionar el sistema de nombre de dominio.

Indexar página: agregar una página web, sin importar su formato, a la lista de resultados de un buscador. Indexar una página es diferente a posicionar una página. Al indexar una página esta puede ser rastreada por los motores de búsqueda y podría aparecer en la página de resultados en cualquier orden. Posicionar un sitio web significa que este aparezca de primera en una página de resultados.

Inicio: pagina inicial o principal de un sitio web.

ISP (Internet Service Provider) (Proveedor de servicios de Internet): una empresa que provee acceso al servicio de internet usando *wireless* o conexiones de fibra óptica.

***Keywords* (Palabras Clave):** palabra, grupo de palabras o frase de gran significancia que identifica un texto o un documento y son usadas por los motores de búsqueda para encontrar sitios web con información relevante.

Lenguaje Flash: un lenguaje de multimedia que se usa para añadir animación, videos e interactividad a los sitios web, generalmente usado para sitios de videojuegos o anuncios publicitarios.

Lenguaje PHP: un lenguaje de programación incorporado dentro de HTML que es utilizado para la creación de sitios web dinámicos.

Letra *Sans-serif*: el tipo de fuente o letra disponible en las computadoras caracterizada por tener sus extremos rectos y uniformes. Recomendada para documentos visualizados en pantalla. Ejemplos: Arial, Arial Narrow, Arial Rounded MT Bold, Century Gothic, Chicago, Helvetica, Geneva, Impact, Monaco, MS Sans Serif, Tahoma, Trebuchet MS y Verdana.

Letra *Serif*: el tipo de fuente o letra disponible en las computadoras caracterizada por pequeños remates o adornos en sus extremos. Ideal para documentos impresos largos. Ejemplos: Book Antiqua, Bookman Old Style, Courier, Courier New, Century Schoolbook, Garamond, Georgia, MS Serif, New York, Times, Times New Roman y Palatino.

Linux: un sistema operativo de libre distribución UNIX que, al igual que Windows, es utilizado para administrar los recursos de una computadora.

Magento: un sistema de gestión de contenido (CMS) de código abierto para aplicaciones de comercio electrónico que permite el diseño de tiendas virtuales. Permite la creación de un sitio web y de una tienda online desde un mismo panel de control, es decir, totalmente integrados.

Memoria RAM (RAM Memory): también conocida como Memoria de Acceso Aleatorio (Random Access Memory). Se trata de la memoria principal de la computadora donde se guardan los datos que se están utilizando o procesando en el momento presente y a la que se puede acceder de manera aleatoria. Generalmente es una memoria de tipo volátil ya que los datos permanecen guardados mientras la computadora no sea reiniciada.

Menu de navegación: un menú de guía que se despliega en una página web y que le muestra al usuario la ruta que puede seguir para moverse más eficientemente dentro del sitio.

Merchant account: una cuenta que le permite a un vendedor (negocio o persona) aceptar pagos con tarjetas de débito o crédito a través de internet.

Metatag: un código que se inserta en el código HTML de un sitio web y sirve para que los motores de búsqueda localicen más fácilmente ese dicho sitio web.

Motores de búsqueda: un "robot" o programa de software que busca sitios web basándose en las palabras clave (*keywords*) que el usuario designó como términos de búsqueda. Cuando se realiza una búsqueda, el motor de búsqueda verifica dentro de bases de datos de información y retorna un listado de direcciones web que combina las palabras clave que el usuario solicitó. Ejemplos: Google y Yahoo.

Newsletter: publicación periódica enviada a los suscriptores.

Open source CMS: sistemas de gestión de contenido de código abierto, generalmente gratis, a los que cualquier persona con algún conocimiento de programación puede acceder y adaptarlo libremente a su estilo y necesidades.

Página de resultados: la página que arroja el motor de búsqueda después de realizar una búsqueda basada en palabras clave y que contiene el listado completo de todos los resultados o sitios web que se ajustan óptimamente a los criterios de la búsqueda.

Plataformas (*platforms*): un sistema o programa integrado que sirve para gestionar y hacer funcionar determinados módulos de hardward y/o de software con los que es compatible.

Portal web: un sitio web donde el usuario tiene acceso a una serie de recursos y de servicios relacionados a un mismo tema. Incluye: enlaces, buscadores, foros, documentos, aplicaciones, compra electrónica, etc.

Promoción: uno de los más potentes componentes del *marketing* que consiste en incentivos de corto plazo que se ofrecen a los clientes o potenciales clientes con el objetivo de incrementar la venta de un producto o servicio.

Publicidad: técnica de *marketing* de difusión masiva y persuasiva que pretende informar pero principalmente convencer a los receptores de actuar en una forma específica, como por ejemplo convencerlos de comprar un producto.

Punto.com: un sufijo que proviene de "*commercial*" o "comercio" y corresponde a un dominio de internet genérico que agrupa a todas los sitios web inscritos dentro de esa categoría.

Resolución: el número de pixeles que puede ser mostrado en la pantalla de una computadora. Hay dos clases de resolución: horizontal y vertical.

Server Space (Espacio de Servidor): el espacio disponible para los archivos y componentes de un sitio web sobre un servidor de web.

Servidor (*Server*): el disco duro de una computadora que almacena los archivos de una o muchas páginas web y que siempre está conectado a internet para hacer que tu página esté al aire las 24 horas del día. Estas computadoras están salvaguardadas con altos sistemas de seguridad dada la magnitud y trascendencia de la información que almacenan.

Servidor compartido: un servidor que permite hospedar varios sitios web, compartiendo los recursos de la máquina. Ideal para sitios web que apenas están empezando o de poco tráfico.

Servidor dedicado (*Dedicated Server*): una computadora conectada a una red cuya capacidad es destinada para un solo cliente y es utilizada para fines específicos generalmente relacionados con alojamiento web.

***Shopping cart* (Carrito de compras):** un programa de ventas destinado para páginas web que ofrecen un número considerable de productos o servicios y que le permite a los usuarios seleccionar y agregar a una canasta (o carrito) los productos que desean comprar.

***Sitebuilder*:** una herramienta que permite construir sitios web de manera simple y rápida, sin necesidad de tener conocimientos de programación y sin necesidad de configurar algún software.

Sitio web: un conjunto de páginas web relacionadas y agrupadas jerárquicamente bajo una misma dirección web (URL).

Software: programas usados por una computadora u ordenador para ejecutar distintas tareas.

Spam: también conocido como correo o mensaje basura, son todos esos mensajes no solicitados, no deseados o de remitente no conocido frecuentemente de tipo publicitario que son enviados masivamente.

Testimonio: los comentarios positivos o negativos escritos en un sitio web por los propios clientes sobre la experiencia que han tenido en la utilización de algún producto o servicio.

Tracking: el seguimiento de la navegación que un usuario hace cuando se conecta a internet. Este seguimiento es posible al marcar al cliente con un *cookie*.

***Uptime*:** el tiempo durante el cual una computadora se encuentra en operación.

VPS (Virtual Private Server): un servidor parecido al servidor compartido dado que se comparte el espacio del servidor con otros sitios web, solo que en este caso dicho espacio se comparte con menos sitios web. Un VPS es considerado el punto intermedio entre un servidor dedicado y un servidor compartido.

Web Hosting (Hospedaje web): se refiere al almacenamiento o alojamiento de los archivos que constituyen un sitio web.

Web Marketing: se refiere a todas las estrategias llevadas a cabo para vender o promocionar productos y servicios a través de internet.

Webmaster: persona que maneja un sitio web y normalmente está encargada, entre otras cosas, de supervisar el correcto funcionamiento del hardware y software del servidor web, actualizar la página, contestar preguntas de los usuarios de la página, programar el sitio web y supervisar el tráfico.

WHOIS: una herramienta basada en un protocolo de petición/respuesta que permite, a través de consultas en una base de datos, determinar el propietario de un nombre de dominio o una dirección IP.

Windows: el sistema operativo de Microsoft desarrollado para administrar los recursos de una computadora.

Wireframe: una representación visual de la estructura de un sitio web.

Recursos

CAPÍTULO 1: DESCUBRE LAS VENTAJAS Y LOS DESAFÍOS DEL MUNDO DE LOS NEGOCIOS ONLINE

www.clickz.com/clickz/column/2130229/growing-online-shopping-latinos

www.lbausa.com/wp-content/uploads/Hispanic-Business-Report-California. pdf

www.hispanicbusiness.com/2012/4/24/corner_office.htm statistic woman in business

www.soyentrepreneur.com/usa-internet-como-tu-mejor-aliado.html

www.internetworldstats.com/stats.htm Hispanos en el internet

www.bls.gov/news.release/empsit.t03.htm Unemployment rate

bls.gov/news.release/empsit.nr0.htm

www.epi.org/publication/hispanic-unemployment-northeast/unemployment rate in Hispanics

Austin, Algernon. 2010. *Uneven pain: Unemployment by metropolitan area and race*. Economic Policy Institute, Issue Brief #278. Washington, D.C.: Economic Policy Institute.

Frey, William H. 2011. *The New Metro Minority Map: Regional Shifts in Hispanics, Asians, and Blacks from Census 2010*. Washington, D.C.: Brookings Institution.

Kochhar, Rakesh. 2008. *Latino labor report, 2008: Construction reverses job growth for Latinos*. Washington, D.C.: Pew Hispanic Center.

Kochhar, Rakesh. 2011. "Table 7," *New jobs in recession and recovery: Who are getting them and who are not*. Written testimony submitted to The Judiciary Subcommittee on Immigration Policy and Enforcement. Washington, D.C.: Pew Hispanic Center.

Ruggles, Steven, J. Trent Alexander, Katie Genadek, Ronald Goeken, Matthew B. Schroeder, and Matthew Sobek. 2011. *Integrated Public Use Microdata Series: Version 5.0* [Machine-readable database]. Minneapolis: University of Minnesota.

CAPÍTULO 2: PLANEA TU NEGOCIO ONLINE

smallbiztrends.com/2005/07/business-failure-rates-highest-in.html - stats on rate of failure in Small business association

CAPÍTULO 3: PLANEA TU SITIO WEB

sixrevisions.com/usabilityaccessibility/information-architecture-101-techniques-and-best-practices/

www.princeton.edu/communications/services/docs/IAguide2.pdf Arquitectura del website

es.wikipedia.org/wiki/Arquitectura_de_la_informaci%C3%B3n que es IA

mashable.com/2010/07/15/wireframing-tools/ wireframe

www.color-wheel-pro.com/color-meaning.html colors

webdesign.about.com/od/fonts/a/aa080204.htm type of fonts

www.forbes.com/sites/dell/2011/12/20/the-history-and-future-of-cloud-computing/ Cloudhosting

thenextweb.com/dd/2011/05/28/how-to-hire-the-right-freelance-web-designer/ how to hire a webdeveloper

es.wikipedia.org/wiki/Sistema_de_gesti%C3%B3n_de_contenidos CMS

es.wikipedia.org/wiki/Tienda_en_l%C3%ADnea tienda online

www.mazziottimedia.com/3-keys-success-business-online.html

www.masdineronline.com/negocios-por-internet-4-preguntas-frecuentes-explicadas/

digitalenterprise.org/models/models.html

www.genteecommerce.com/hacemos-drop-shipping-una-increible-oportunidad-de-negocio-en-e-commerce/

CAPÍTULO 5: CONSEGUIR Y RETENER CLIENTES

webmarketingtoday.com/articles/checklist/

google.dirson.com/o.a/google-local

Libros que sirvieron de referencia e inspiración

Bhawnani, Amit. *The Comic Guide to Search Engine Optimization (SEO): A Beginners Guide.* Kindle Edition, 2012.

Fleischner, Michael H. *PPC Made Simple: Pay Per Click Strategies for Dominating Google Adwords.* CreateSpace Independent Publishing Platform, 2010.

Frazier, Shirley George. *How to Start a Home-Based Gift Basket Business.* 5ta. edición. Guilford: The Globe Pequot Press, 2010.

Hunt, Ben. *Convert!: Designing Web Sites to Increase Traffic and Conversion.* Indianapolis: Wiley Publishing, Inc., 2011.

Kerpen, Dave. *Likeable Social Media: How to Delight Your Customers, Create an Irresistible Brand, and Be Generally Amazing on Facebook (& Other Social Networks).* Nueva York: McGraw-Hill, 2012.

Krug, Steve. *Don't Make Me Think: A Common Sense Approach to Web Usability.* Indianapolis: New Riders, 2000.

Lavine, Kim. *Mommy Millionaire: How I Turned My Kitchen Table Idea into a Million Dollars and How You Can, Too!* Nueva York: St. Martin's Press, 2008.

Monosoff, Tamara. *The Mom Inventors Handbook: How to Turn Your Great Idea Into the Next Big Thing.* Nueva York: McGraw-Hill, 2005.

Pfeiffer & Co. *Start Your Own Gift Basket Business.* Nueva Jersey: Prentice Hall, 1994.

Smith, Jim. *How to Start a Home-Based Web Design Business.* 2da. edición. Guilford: The Globe Pequot Press, 2004.

Thomas, Lorrie. *The McGraw-Hill 36-Hour Course: Online Marketing.* Nueva York: McGraw-Hill, 2010.